ALAIN FINKIELKRAUT · VOM ENDE DER LITERATUR

ALAIN
FINKIELKRAUT

VOM
ENDE
DER
LITERATUR

Die neue moralische
Unordnung

Aus dem Französischen
von Rainer von Savigny

Titel der französischen Originalausgabe: *L'après littérature*
© Éditions Stock, Paris 2021.

© 2023 LMV, ein Imprint der Langen Müller Verlag GmbH, München
Alle Rechte vorbehalten
Lektorat: Dr. Annalisa Viviani, München
Umschlaggestaltung: Sabine Schröder
Umschlagmotiv: Fabien Clairefond
Satz: VerlagsService Dietmar Schmitz GmbH, Heimstetten
Druck und Binden: CPI books GmbH, Leck
Printed in Germany
ISBN 978-3-7844-3656-2
www.langenmueller.de

Für Benjamin Olivennes

Inhalt

Vorwort

Ein Bekannter fragte, wer denn dieser Alain Finkielkraut sei, über den ich einige Zeilen schreiben dürfe. Ich antwortete: »Finkielkraut besetzt im französischen Kulturbetrieb in etwa den Platz, den in Deutschland Peter Sloterdijk einnimmt.«

Vergleiche sind keine Gleichsetzungen, sie weisen nur auf die eine oder andere Ähnlichkeit hin. Der Philosoph Finkielkraut ist jedenfalls ein Intellektueller, der weit über akademische Kreise hinaus den meisten Franzosen ein Begriff ist. Er stürzt sich seit Jahrzehnten in fast jede gesellschaftliche Auseinandersetzung und hatte, wie es scheint, nie Angst davor, sich in tonangebenden Milieus unbeliebt zu machen. In Deutschland machte er zum ersten Mal von sich reden, als *Die neue Liebesunordnung* 1979 bei uns erschien, ein langer, gemeinsam mit Pascal Bruckner verfasster Essay über die sexuelle Revolution seit den Sechzigerjahren und ihre Folgen. Auf dem Cover waren zwei kopulierende Schneemänner zu sehen, der Akt kam mithilfe einer Karotte zustande. In Deutschland konnte sich damals nur der Playboy-Verlag für diesen Bestseller erwärmen, obwohl er, vom Cover abgesehen, wenig Explizites enthielt.

Finkielkraut und Bruckner sahen die »sexuelle Befreiung« eher skeptisch, ohne sie komplett abzulehnen. Zwar wollten sie sich auf keinen Fall mit »Puritanern und Moralaposteln« gemein machen, trotzdem sahen sie die Gefahr einer »keimfreien Sexualhygiene«, also einer Pseudobefreiung, die auf eine Kommerzialisierung aller sexuellen Fantasien durch die Pornoindustrie hinausläuft.

Das Buch wirkt heute noch erstaunlich frisch, im Grunde handelt es von falschen Freiheitsversprechen aller Art und vom Zerfall der Gesellschaft in Milieus, die wenig voneinander wissen wollen. Der Aufstieg der sexuellen Orientierung zum sinnstiftenden Identitätsmerkmal mit komplizierten Namen wie LGBTIQ scheint so früh beim jungen Finkielkraut bereits am Horizont auf. Im *Spiegel* schrieb der damals 26-jährige Schriftsteller Rainald Goetz eine lange Rezension. Er hatte bei Finkielkraut »brillante Analysen, fragwürdige Postulate und zwischendurch handfesten Quatsch« gefunden. Das Buch nehme jedenfalls »eine Diskussion auf, die derzeit kaum geführt wird«.

Dabei ist es über die Jahre geblieben. Finkielkraut führt liebend gern genau die Diskussionen, die andere gerne vermeiden möchten. Er ist liberal, antiautoritär, konservativ, oft sehr unterhaltsam, in vielen Farben schillernd. Es ist möglich, manche seiner

Thesen abzulehnen, aber es ist, finde ich, unmöglich, diesen Denker nicht inspirierend zu finden. Eine zentrale Rolle spielt in diesem Lebenswerk die Tatsache, dass Alain Finkielkraut als Sohn eines Auschwitz-Überlebenden geboren wurde. Seine Mutter stammte aus der heutigen Ukraine. Zu den Lektüren, die ihn entscheidend geprägt haben, gehören die Bücher von Hannah Arendt. Als französischer Jude hat er früh vor den Gefahren einer Islamisierung Frankreichs, vor dem islamistischen Antisemitismus und dessen Gewaltpotenzial gewarnt, auch damit hat er auf traurige Weise recht behalten.

Wer als Deutscher die vorliegenden Texte von *Vom Ende der Literatur* liest, der wird darüber staunen, wie ähnlich die politischen Frontverläufe und die strittigen Themen in beiden Ländern sind. Finkielkraut schreibt darüber, wie »jeder Künstler zum Prediger wird«, über die abnehmende Bereitschaft, Texte erst einmal zu begreifen, bevor reflexhaft getadelt und richtiggestellt wird, über den Männerhass, der in jedem Mann ein potenzielles Raubtier sieht, über die Klischeefiguren im woken Erbauungskino, über die »Volksjustiz« mithilfe von Hetzjagden im Internet, über den »Schmerz, im eigenen Land zum Fremden zu werden«, einen Schmerz, der immer mehr Franzosen zu Marine Le Pens Partei »Rassemblement National« treibt. Zu deren Fans gehört Finkielkraut nicht. Er schreibt aber auch darüber, warum er irgendwann kein Linker mehr sein konnte.

Es sind oft sarkastische, manchmal melancholische Texte. Sie handeln von einer Endzeit, dem »Ende der europäischen Kultur«, mit der auch die europäische Literatur sterben wird, wie Finkielkraut prophezeit. Fast noch bedauerlicher würde ich es finden, falls wirklich auch »die Zeit nach dem Humor« anbricht. Was ist schon ein Leben ohne das Lachen? Dass Islamisten und ihre Verbündeten keinen Spaß verstehen, muss aber seit dem Anschlag auf die Zeitschrift *Charlie Hebdo* leider als gesichert gelten.

Als Alain Finkielkraut vor einiger Zeit in Paris auf der Straße physisch angegriffen wurde, wurde er als »dreckiger Zionist« beschimpft und mit dem Satz geschmäht: »Frankreich ist für Araber, nicht für Juden.« Finkielkraut erzählte das 2021 in einem Interview mit der *Neuen Zürcher Zeitung*. Ja, er habe anschließend viel Solidarität erfahren, sogar der Präsident habe ihn angerufen. Aber für viele, vor allem für Journalisten, sei heute ein politischer Antagonist kein Gegner mehr, mit dem man diskutiert, sondern eine Person, die eliminiert werden muss. Die Politik werde nach dem Modell des Kriegs gepflegt, nicht nach dem Modell des Gesprächs. »Keine französische Universität«, sagte Finkielkraut in diesem Interview, »würde es heute noch riskieren, mich zu einer Konferenz einzuladen.«

Vom Ende der Literatur ist ein Buch, das von der Zukunft Europas handelt – und leider ein vermutlich realistisches.

Harald Martenstein

Prolog

HÄTTE MIR FRÜHER jemand vorausgesagt, dass ich eines Tages unter der Kuppel der Académie Française und im goldbestickten Frack die Festrede »Über die Tugend« halten würde, ich hätte die Vorstellung als abwegig, wenn nicht gar beleidigend empfunden. Ich hätte achselzuckend geantwortet, dass, selbst mit ironischem oder maliziösem Unterton, die Belehrung nicht meine Stärke sei. Niemals würde ich zum gestrengen oder liebenswürdigen weisen alten Herrn werden, ebenso wenig wie, allem Anschein zum Trotz, zum griesgrämigen Großvater oder zum augenzwinkernden Segensbringer der künftigen Welt. Und ich wollte auch nicht einem Publikum, das wohl oder übel zuhören muss, die Leviten lesen oder mich vom Predigtton ins Witzige flüchten.

Darum war ich nach meiner Aufnahme in die Académie Française fest entschlossen, jedes Jahr aufs Neue diesem Musterstück kunstvoller, konventioneller und etwas angestaubter Eloquenz unauffällig aus dem Weg zu gehen.

Ich habe meine Meinung geändert, meine Hemmungen überwunden und meine Ängste besiegt, nachdem ich zufällig auf eine Passage im ersten Teil von Prousts *Suche nach der verlorenen Zeit* gestoßen war, die komisch und tiefgründig ist, wie oft bei diesem Autor. Bei einem gemeinsamen Essen mit der Familie des Erzählers in Combray legt Tante Céline, eine Nebenfigur im Roman, eine Empfindlichkeit und eine Tugendhaftigkeit an den Tag, die sich einer großen Zukunft erfreuen sollten. Die Worte dieser schon damals etwas aus der Zeit gefallenen ältlichen Dame sind auf bestürzende Weise prophetisch. Tante Céline beherrscht unsere Welt, sie bestimmt, was wir ablehnen und wofür wir uns begeistern, und es ist nicht unwahrscheinlich, dass sie es auch noch in Zukunft tun wird. Sie war daher unbedingt eine Rede wert – und auch dieses Buch.

I Tante Célines Siegeszug

WÄHREND EINES ABENDESSENS empfindet Swann, der zum ersten Mal im Roman auftritt, plötzlich den Wunsch, ein Lesevergnügen mit den übrigen Anwesenden zu teilen. Er zitiert einen Abschnitt aus den Memoiren von Saint-Simon, wo dieser erzählt, wie Maulévrier, der Botschafter des französischen Königreichs in Spanien, die Frechheit besaß, seinen Söhnen die Hand zu reichen: »Saint-Simon erzählt also, Maulévrier habe die Kühnheit besessen, seinen Söhnen die Hand hinzustrecken. Sie wissen, dieser Maulévrier, von dem er sagt: ›Niemals habe ich in dieser dicken Flasche etwas anderes als üble Laune, Grobheit und alberne Einfälle festgestellt.‹« Und Swann zitiert dann Saint-Simon im Wortlaut: »Ich weiß nicht, war es Unwissenheit oder eine Falle, er wollte meinen Kindern die Hand geben. Ich bemerkte es früh genug, um ihn daran zu hindern.« – »Mein Großvater«, schreibt Proust, »war schon ganz begeistert von der Wendung ›Unwissenheit oder eine Falle‹, aber Mademoiselle Céline […] entrüstete sich bereits: ›Wie? Das finden Sie auch noch schön? Nun! Ich muss doch sagen! Aber was soll das überhaupt bedeuten; ist denn nicht etwa ein Mensch ebenso viel wie der andere? Was tut es

17

denn, ob einer Herzog oder Droschkenkutscher ist, wenn er Geist und Herzensbildung besitzt? Er hatte ja eine schöne Art, seine Kinder zu erziehen, euer Saint-Simon, wenn er sie nicht angehalten hat, allen rechtschaffenen Menschen die Hand zu geben. Ich finde das einfach abscheulich. Und so etwas erzählen Sie auch noch?‹ Mein armer Großvater, der angesichts dieser fortgesetzten Obstruktion die Unmöglichkeit einsah, Swann zum Erzählen der Geschichten zu bringen, die er so gern gehört hätte, sagte leise zu Mama: ›Wie heißt doch der Vers, den ich von dir gehört habe und der mir in solchen Augenblicken eine so große Erleichterung verschafft? Ach ja: ›Wie manche Tugend, Herr, machst du uns hassen!‹ Ach, wie gut ist das doch gesagt!«

Die empörte Großtante und merkwürdigerweise auch Swann selbst missverstehen Saint-Simons Wortwahl: Die Hand reichen heißt hier nämlich nicht »die Hand geben«, sondern, wie Daria Galateria in ihrem großartigen Buch zur Etikette in Versailles feststellt, einer Person an der Tür den Vortritt, sie rechts von sich gehen lassen und sie bis zum Fuß der Außentreppe zu geleiten. Bei zwei Personen von gleichem Rang nimmt der Gastgeber seinen Gast auf seine rechte Seite: Das bedeutet hier »die Hand reichen«. Für Saint-Simon, bekanntermaßen äußerst empfindlich in Fragen der Rangordnung, ist in dieser Situation skandalös, dass der tölpelhafte Maulévrier den Vorrang, der nur Saint-Simon selbst und seiner Gattin gebührt, auch auf die Kinder übertragen will.

Der Irrtum ist offensichtlich, doch im Grunde liegt kein Missverständnis vor: Tante Céline wäre Saint-Simon gegenüber nicht nachsichtiger gewesen, wenn sie den eigentlichen, von Saint-Simon gerade noch verhinderten Verstoß gegen das Protokoll begriffen hätte. Denn was sie so abscheulich findet, ist ja gerade dieses obsessive Rang-Zeremoniell, dieses manische Klassen- und Kastensystem. Es geht um die in den Memoiren geradezu zwanghaft erörterte Frage, die Jean d'Ormesson wunderbar auf den Punkt gebracht hat: »Wer hat den Vortritt und wer setzt sich wohin?« Das ist es, was die Tante so empörte. Und sie hätte darüber hinaus nicht begriffen, dass man den Gebrauch des Begriffs »Falle«, der ursprünglich der Jägersprache entstammt, in diesem Zusammenhang als stilistischen Glücksgriff des Autors ungestraft genießen konnte. Vergnügen an der Form ist in ihrer Welt kein erlaubter Genuss. Dass ein Schriftsteller uns auch dann noch begeistern kann, wenn uns der Gegenstand seiner Werke fremd geworden ist – das war ihr buchstäblich unvorstellbar. Ein solches Wunder konnte nicht stattfinden, weil Stil keine Rolle spielte, nur der Sinn machte Sinn. Ein Text vermittelte für sie nichts anderes als seine Botschaft. Das ist es, was den Großvater so frustriert, der Trost in dem Zitat sucht, das er aus der Erinnerung wiedergibt.

Der Vers, auf den er sich dabei bezieht, findet sich in Corneilles Drama *Der Tod des Pompeius.* Cäsar zuliebe hat der ägyptische König Ptolemäus den in sein Land geflüchteten Pompeius hinrichten lassen. Doch als Cäsar seinen Wunsch erfüllt sieht, empfindet er Scham. Er verachtet sich selbst dafür, dass er Genugtuung verspürt. Die für ihn günstige Wendung der Dinge entspricht nicht der Vorstellung, die er von sich selbst haben will. Er macht dem eilfertigen König die Tat zum Vorwurf und fragt: »Wer gab Euch das Recht auf dies edle Leben?« Der Gattin des Pompeius, Cornelia, stattet er einen Besuch ab, doch selbst als Gefangene weigert sie sich, ihm zu huldigen. »Nichts lässt mich mehr erröten als die Scham zu leben«, sagt sie zu ihm, verzweifelt und hoheitsvoll. Voller Bewunderung für diese Frau, die ihm die Stirn bietet, ordnet Cäsar ihre Freilassung an: »Man ehre mir diese Römerin mehr noch als eine Königin.« Von seiner Großmut überrascht, ruft Cornelia händeringend aus: »O Himmel! So lehrt ihr mich Tugenden hassen!« Sie ist gezwungen, sich gegen seine Großherzigkeit zu wappnen, um ihrem getöteten Gemahl treu zu bleiben.

Mit solchen Gedanken braucht der geplagte Großvater sich natürlich nicht auseinanderzusetzen. Er muss zwar hilflos zuschauen, wie sich Tugend an seinem Esstisch in Combray breitmacht, doch die Tugend der Großmut ist das nicht, und auch nicht etwa Sittenstrenge oder Anstandsgefühl. Tante Céline mag eine alte Jungfer sein, aber sie ist in diesem Fall nicht prüde. Sie übernimmt nicht die denkwürdige Argumentation des Staatsanwalts Pinard im Prozess um *Madame Bovary* und *Die Blumen des Bösen*. Sie behauptet nicht, dass der Autor grundsätzlich »in lasziven Farben« schildere. Sie

regt sich nicht über seinen »derben und schamver-
letzenden Realismus« auf. Sie weist der Literatur
keineswegs die Aufgabe zu, »den Geist zu schmücken und zu unterhalten, indem sie den Verstand erhebt und die Sitten reinigt«. Tante Céline ist kein
Cäsar, kein Pinard, keine Aristokratin und in diesem Fall auch keine Bürgerliche; was sie antreibt, ist
ein Gefühl von Humanität. Ihr demokratischer Ins-
tinkt beugt sich keinem Unterschied von Rang,
Rasse oder Geschlecht. In jedem Menschen – von
Adel oder aus dem Volk, fremd oder vertraut – sieht
sie zuerst ihresgleichen. Deswegen reagiert sie mit
flammender Empörung, wenn man die Ganzheit der
Menschen in Teile spalten will.

Lassen wir uns also nicht täuschen: Tante Céline
wirkt vielleicht extrem anachronistisch, doch sie ist
überaus aktuell. Nichts macht sie mehr zur Zeitge-
nossin als ihre ungebremste Angriffslust. Bei Proust
wirkt sie lächerlich. Doch wer zuletzt lacht, lacht –
leider – am besten. Die Nachwelt, allen voran die
Entertainment-Szene, zieht der Subtilität eines
Swann ihre eigene Empfindsamkeit vor. In unserer
Zeit hat man den Ballast antiker Weisheit abgeworfen und lässt sich ausschließlich vom eigenen Mitgefühl antreiben. Als Religion des Ausstiegs aus dem
Christentum besetzt die Humanität heutzutage den
Platz, den sich früher die theologischen und die Kar-
dinaltugenden teilten. Tapferkeit, Gerechtigkeit,
Klugheit, Mäßigung, Glaube, Liebe, Hoffnung – sie
alle kommen in den Gefühlen von Tante Céline zur
Vollendung. Diese verblühte Jungfer, die durch ihre

Taubheit fast senil erscheinen könnte, ist die quicklebendige Verkörperung der Modernität. Die Zurechtweisung, die Swann und mit ihm Saint-Simon sich von ihr gefallen lassen müssen, ist die Urform aller heutigen Schmähungen. Wir leben – auf Gedeih und Verderb – unter ihrer Herrschaft.

Schauen wir uns um. Die Kulturfestivals, die den unvergleichlichen Charme des europäischen Sommers ausmachen, sind alle ganz nach ihrem Bilde. Der Geist von Tante Céline schwebt über den meisten Opern- und Theaterinszenierungen. Ob es sich um *Dido und Äneas* von Henry Purcell handelt oder um Homers *Odyssee*, das Anliegen ist immer dasselbe: Inklusion und Gastfreundschaft feiern, Grenzen verschwinden lassen, die Mauern alter Festungen schleifen. Jede Fabel tut ihre Moral kund, jeder Künstler wird zum Prediger. Man lässt wehrlose Dichter und Komponisten verkünden, dass wir gegenüber den Migranten eine Pflicht zur Brüderlichkeit haben und sich ihr zu verweigern den Rückfall in die Barbarei bedeuten würde. Die unzähligen Nachfahren, die das Trauma der Nazizeit Tante Céline beschert hat, suchen weder bei Proust noch bei Henry James, Flaubert, Purcell, Wagner, Rembrandt oder Goya »das wahre Leben, das endlich entdeckte und ans Licht gebrachte Leben«, weil sie zur Wahrheit keinen Umweg nehmen müssen, denn sie sind davon überzeugt, sie bereits gepachtet zu haben. Von der Literatur fordern sie, diese vorgegebene Wahrheit zu illustrieren, sie ins Licht zu rücken und, um jene verwerflichen Neigungen einzudämmen, die im finsteren 20. Jahrhundert freien Lauf hatten, uns immer wieder zur Ordnung zu rufen, zur Ordnung der Gleichberechtigung.

Daher werden die Museen vom Internationalen Museumsrat heute definiert als »demokratisierende Orte der Inklusion«, die nicht etwa Meisterwerke zeigen, denn das würde ja die verhängnisvolle Vorstellung von Überlegenheit wieder ins Spiel bringen, sondern »Artefakte und Spezies für die Gesellschaft«. Sie wollen »zur Menschenwürde, zur sozialen Gerechtigkeit, zur weltweiten Gleichheit und zum planetaren Wohlergehen beitragen«. Die Schriftsteller, stellt Alexandre Gefen, Direktor des CNRS, des Nationalen Zentrums für Wissenschaftliche Forschung, mit Befriedigung fest, »verfolgen eine demokratische, wenn nicht gar ›kommunistische‹ Strategie weltweiter Sorge um die Anderen«. So erklärt umstandslos auch der französische Romancier Édouard Louis, dessen übersetzte Werke die Auslagen der wenigen amerikanischen Buchhandlungen schmücken, die Amazon überlebt haben: »Wenn man nicht gegen den Rassismus schreibt, ist es sinnlos, überhaupt zu schreiben.« Und das Gebot wird mit der gleichen Vehemenz auf die Autoren unserer Kultur angewendet: Wer nicht zu retten ist, wird demontiert; die Übrigen werden in die auf vollen Touren laufende Kampagne für die Anerkennung aller durch alle eingespannt.

Nicht von Anstandsregeln bestimmt, sondern von Wachsamkeit, von Künstlern verbreitet und nicht von Spießbürgern, hat sich eine neue moralische Ordnung über das Geistesleben gesenkt. Ihr Banner ist die Humanität, ihr Feind die Hierarchie. In der Schule richtet sie die Autorität der Lehrer zugrunde. Um die Bessergestellten nicht länger besser zu stellen und die bestehende Ordnung wirksamer bekämpfen zu können, schafft sie die Unterscheidung zwischen Kultur und Unkultur ab, indem sie, unter Berufung auf die Soziologen, ihre Hausexperten, verkündet: *Alles ist Kultur.* Anerkannter Sprachgebrauch gilt den neuen Moralaposteln als *Linguizismus,* als *Glottophobie* (das heißt als Verachtung der Sprache der Brennpunktviertel). Mit Feuereifer praktizieren sie das inklusive Schreiben, um Frauen und nicht binären Personen sprachlich und im realen Leben den Platz einzuräumen, der ihnen gebührt. Geben Sie das folgende Zitat von Salman Rushdie in ihren Computer ein: »Etwas Neues war im Gange: Eine neue Intoleranz zog auf. Sie verbreitete sich über den Erdball, doch niemand wollte es wahrhaben. Ein neues Wort war erfunden worden, um den Blinden ihre Blindheit zu lassen: *Islamophobie.*« Er wird Sie auffordern, den diskriminierenden Begriff »Blinde« durch die – nicht diskriminierende – Umschreibung »Personen mit Sehbeeinträchtigung« zu ersetzen. »Ein neues Wort war erfunden worden, um den Personen mit Sehbeeinträchtigung ihre Sehbeeinträchtigung zu lassen.« Wenn Sie riskieren wollen, in einem Artikel die Korruption anzuprangern und Ruy Blas aus dem gleichnamigen Drama von Victor Hugo zu zitieren: »Guten Appetit, meine Herren!«, dann empfiehlt ein gewissenhaftes Korrekturprogramm, diese chauvinistische Anrede durch eine passendere, das heißt genderbewusste Wortwahl zu ersetzen: »Guten Appetit, meine Damen und Herren!« Oder, noch besser, weil es ja die Weder-noch-Personen gibt und der Grundsatz der Inklusion uns verpflichtet, das zu berücksichtigen: »Guten Appetit, allerseits!«

Dieses Prinzip der Wiedergutmachung lässt Carmen den Don José erstechen. Schneewittchen muss weiterschlafen, weil der Kuss nicht einvernehmlich wäre. *Schwanensee*, für viele von uns, jung oder nicht mehr so jung, die erste ergreifende musikalische Erfahrung, wird aus dem Repertoire gestrichen, weil die neuen Moralwächter, Tag und Nacht auf der Hut vor Diskriminierung und Vorurteil, nicht länger dulden mögen, dass der Böse in einer Geschichte ein Vogel von schwarzer Farbe ist. Andererseits würden sie, im Unterschied zu den gaullistischen Behörden der 1960er-Jahre, gewiss nicht auf Druck katholischer Kreise eine Verfilmung von Diderots *Nonne* zensieren; doch selbst da, wo man eine Gauguin-Ausstellung in diesem Geist noch akzeptiert, versäumt man nicht, das Publikum zu warnen: »Gauguin hat mehrfach sexuelle Beziehungen mit jungen Mädchen unterhalten. [...] Er hat seinen Status genutzt, um die sexuellen Freiheiten zu genießen, die sich ihm als privilegiertem Europäer boten.«

Die bildenden Künste, die Literatur, das Ballett, die Oper, das Kino, die Philosophie, die Religion: Sie alle dienen jetzt der Verteidigung der guten Sache.

Was der Mensch hervorbringt, wird stets an derselben Elle der Humanität gemessen, dem Maßstab gleichberechtigter Menschenwürde. Keine Möglichkeit wird übersehen, keine Mühe gescheut, wenn es darum geht, Geist und Herz zu öffnen. Man beurteilt Philip Roth und Milan Kundera als zu sexistisch, um den Nobelpreis zu verdienen, und verbannt Nabokovs *Lolita* aus allen Lehrveranstaltungen der Universitäten, sodass man sich rühmen kann, niemanden mehr zu privilegieren und die Missetaten und Wunschvorstellungen der letzten Vertreter der patriarchalischen Gesellschaft zu verdammen. Der Bannstrahl der neuen Moral und der Wille zur Umerziehung entspringen nicht dem *Tugendideal der Askese*, sondern – dem Vorbild von Tante Céline entsprechend – einem *egalitären Ideal*. Man hütet sich übrigens, das Wort *Tugend* zu verwenden, weil man sich unbedingt vom Krieg gegen die Libido distanzieren will, der unter dieser Flagge von den Kirchenvätern bis zum viktorianischen Bürgertum geführt wurde. Nichts ist dieser Moral fremder als der metaphysische Dualismus von Leib und Seele. Sie will den Menschen nicht vor den Schrecken des Begehrens bewahren, sondern das Begehren vor dem Willen zur Macht. Es geht ihr um Wichtigeres als die Lust. Sie hat nicht die Ausschweifung, sondern die Dominanz im Visier. Sie verdammt nicht die Fleischeslust, aber noch bis ins heimlichste Bett spürt sie der Ungleichheit nach. Sie will nicht die Begierde als solche brandmarken, wenn sie mit Balthus ins Gericht geht, dem Maler blutjunger Mädchen in lasziver Haltung, sondern die manipulative Macht eines Erwachsenen über seine Modelle, die der Kindheit kaum entwachsen sind.

Mit anderen Worten, die neue Moralordnung ist weder reaktionär noch überhaupt konservativ. Man sorgt sich nicht etwa um das Bestehende, man will vielmehr ständig etwas verändern. Weit entfernt davon, sich in die Vergangenheit zurückzusehnen, schneidet man munter die alten Zöpfe ab und räumt ungestüm die Hindernisse aus dem Weg, die den Gang der Geschichte, das heißt, Tocqueville zufolge, die fortschreitende Angleichung aller Lebensbedingungen, aufhalten könnten. Man darf das also nicht als in Stein gemeißelten Verhaltenskodex verstehen, sondern als die permanente Revolution des gesellschaftlichen Miteinanders. Es geht nicht um das Festlegen unantastbarer Regeln, sondern um die Eigendynamik der Demokratie: nicht eine feste Form, die uns umschließt, sondern eine Kraft in ständiger Bewegung, die über alles hinweggeht, die an ihrer bloßen Bewegung Freude hat, die unter dem Vorwand, sie zu »entstauben«, die Vergangenheit annektiert, die Kunst in der Nicht-Kunst verschwinden lässt, die Sprache nivelliert und die, um jedes Gefühl der Andersartigkeit zuverlässig zu verhindern, unsere persönlichen Beziehungen unterminiert. Kein einziger Lebensbereich kommt ungeschoren davon, die unaufhaltsame demokratische Leidenschaft merzt in unserer Kultur alles aus, was ihren Wert ausmachte. Und wenn sie durch die Intoleranz, von der Rushdie spricht, herausgefordert wird, dann

erklären die neuen Moralisten diese Kultur zum Urheber der Ungleichheiten. Sie hat den Hass, der ihr
entgegenschlägt, und die Angriffe, denen sie ausgesetzt ist, durch ihre diskriminierende Praxis selbst
verschuldet. Sie hat es sich selbst zuzuschreiben,
wenn ihr so viele Menschen an den Kragen wollen.
Die Gewalt gegen sie rührt daher, dass sie ihrem
Wesen nach kriminell ist. Deswegen gebietet ihr die
Religion der Humanität, sich nicht etwa zu wehren,
sondern Abbitte zu leisten, alle Fehler einzugestehen
und sich auf den langen Weg zur Erlösung zu bege-
ben. Keine Zivilisation, sagte einst Polybios, fällt einem Angriff von außen zum Opfer, wenn sie nicht
schon zuvor durch ein inneres Übel geschwächt
wurde. Dieses Übel ist heute besonders bedrohlich,
weil es sich als die Vollendung des Guten darstellt.

O Himmel! So lehrt ihr mich Gleichheit hassen –
wenn sie nämlich grenzenlos ist, wenn es kein Außen mehr gibt, kein Gegengewicht, nichts, woran
sie sich stoßen könnte! Dann triumphiert mit Tante
Céline der *Nihilismus des Mitgefühls.* Und es reicht
nicht mehr, angesichts dieser philanthropischen Ver-
heerung nur zu seufzen, wie der Großvater des Erzählers bei Proust, und auf bessere Tage zu warten.
Denn die werden nicht kommen, wenn wir uns nicht
aufraffen und die Kraft, und das ist die *Tugend,* in
uns finden, uns dem Gang der Geschichte entgegen-
zustellen. Diese Aufgabe muss dringend in Angriff
genommen werden, doch, wie sich im Folgenden
zeigen wird, die Aussichten auf Erfolg sind äußerst
gering.

II DER SCHRECKEN FEMINISTISCHER SCHWARZ-WEISS-MALEREI

Philip Roth entdeckt
#MeToo

OKTOBER 2017: Seit der Feier anlässlich seines achtzigsten Geburtstags am 19. März 2013 in Newark hatte ich Philip Roth nicht mehr gesehen, und ich begann, die Zeit allmählich als lang zu empfinden. Ich fasste mir ein Herz, setzte mich über meine gewohnte Schüchternheit hinweg und rief ihn an. Er hatte Zeit, ich stieg ins Flugzeug und erlebte ihn ausgeglichen, glücklich darüber, sich aus dem aktiven Leben als Schriftsteller zurückgezogen zu haben (im gleichen Jahr wie Joseph Ratzinger als Papst, worauf ich ihn hinwies), weil er nach 31 Büchern und einigen Meisterwerken das Gefühl hatte, sein Soll erfüllt zu haben. Zugleich war er auch wehmütig, denn die Arbeit als Schriftsteller ist zwar kraftraubend, aber mit der Untätigkeit zu leben, fiel ihm nicht leicht, ebenso wenig wie mit dem Gefühl, dass seine Tage gezählt waren. Das können allerdings Projektionen meinerseits sein; ich hütete mich,

Philip Roth irgendwelche Geständnisse zu entlocken. Wir sprachen über verschiedene Dinge, insbesondere aber über den »Tsunami«, wie die *New York Times* schrieb, den die Affäre Weinstein ausgelöst hatte.

Einige Wochen vor unserem Treffen hatten achtzig Frauen den mächtigen Filmproduzenten aus Hollywood wegen sexueller Nötigung und Vergewaltigung angezeigt. Am 15. Oktober hatte eine amerikanische Schauspielerin, Alyssa Milano, folgenden Tweet verfasst: »Wenn alle Frauen, die schon einmal Opfer sexueller Belästigung oder Übergriffe waren, schrieben: ›Ich auch‹, dann könnten wir der Öffentlichkeit vielleicht vor Augen führen, wie verbreitet dieses Problem ist.« Von Rom über Los Angeles bis Rio kam nun eine weltweite Kampagne in den sozialen Netzwerken in Gang, zahllose Frauen schlossen sich an, und täglich erschienen neue Namen, prominente und weniger prominente, auf der schwarzen Liste von #MeToo.

Wir diskutierten insbesondere den Fall Dustin Hoffman, der sich eines »unangemessenen Verhaltens« schuldig gemacht hatte, das mehr als ein halbes Jahrhundert zurücklag und für das er sich entschuldigte, auch wenn er sich nicht daran erinnern konnte, und den Fall Leon Wieseltier, den berühmten Journalisten und Essayisten, den Kolleginnen nicht der »Übergriffigkeit«, sondern der »sexuellen Obsession« bezichtigten. So habe er zum Beispiel eine von ihnen gezwungen, sich mit ihm zusammen das Foto der Skulptur einer nackten Frau anzuschauen und sie gefragt, ob sie schon jemals ein derart erotisches Bild gesehen habe. Wieseltier war damals gerade im Begriff, eine sehr anspruchsvolle intellektuelle Zeitschrift herauszubringen, *Idea*, doch angesichts der Enthüllungslawine von #MeToo zog die Witwe von Steve Jobs, die das Projekt finanzieren sollte, ihre Zusage zurück. Und der Autor des Buches *Kaddisch* reihte sich unter die Verdammten ein und gesellte sich zu Harvey Weinstein, Dustin Hoffman, Kevin Spacey, Placido Domingo, dem Comedian Louis C. K. (Exhibitionismus) sowie Elie Wiesel, weil der Antisexismus selbst vor Toten nicht haltmacht. Von diesem jüngsten Skandal wusste Philip Roth noch nichts. Ich erzählte ihm, was ich erfahren hatte. Er gab den Namen des nun geächteten illustren Verstorbenen gleich in die Suchmaschine ein und stieß auf einen Artikel, den er mir vorlas und den wir dann gemeinsam kommentierten: »Woman claims Elie Wiesel sexually assaulted her.« [Diese Frau behauptet, Elie Wiesel sei ihr gegenüber sexuell übergriffig geworden.] »Als ich neunzehn Jahre alt war«, schreibt Jenny Listman, »hat Elie Wiesel an meinen Po gegrapscht« [»grabbed my ass«]. Und jetzt – halten Sie sich fest! – finden wir uns gleich in *Nacht und Nebel*, Alain Resnais' Dokumentarfilm über die Judenvernichtung in den Konzentrationslagern, wieder: »Er sah in mir eine ultraorthodoxe Minderjährige und entschied, dass er eine wehrlose Person belästigen könnte, die nicht den Mut haben würde, ihn anzuzeigen.«

Das alles geschah 1987 auf einer Wohltätigkeits-
veranstaltung, ein Fotograf nahm ein Familienfoto
auf. »Der Holocaust-Überlebende« legte zunächst
seine Hand auf Jenny Listmans Schulter, dann ließ
er die Hand den Rücken abwärtswandern, und in
dem Augenblick, als der Fotograf »auf den Auslöser
drückte«, erreichte er den Po und »kniff hinein!«
Nach dieser Übeltat suchte er das Weite. Jenny
Listman führt anschließend eine Reihe von »Nach-
wirkungen« dieses fatalen Übergriffs auf, ebenso
wie die moralischen Folgen, unter denen sie zu leiden hatte. Sie erwähnt, dass sie Suizidgedanken und
Panikattacken hatte, die achtzehn Jahre lang anhiel-
ten. Ihr sei der moralische Halt abhandengekommen. Durch das »bad behaviour« eines als weltli-
chen Heiligen betrachteten Mannes habe sie das
Vertrauen in die Menschheit verloren …

Warum spricht sie heute darüber? Sie schaffte es
nicht mehr, der Welt »etwas Böses und Abstoßen-
des« [»something evil and ugly«] zu ersparen. Die
Bürde dieses Geheimnisses wurde ihr zu schwer,
und sie gebrauchte die Worte, die Elie Wiesel ver-
wendet hatte, um die Welt zum Zeugen für das
Grauen zu nehmen, das er überlebt hatte: »Hören
Sie uns zu, so gut Sie nur können!« Nach so langem
und schmerzlichem Schweigen verpfeift Jenny
Listman also nicht ihr »Schwein«, sondern ihren
Henker. An jenem Abend im November 2017 haben
Philip Roth und ich in einer Wohnung der Upper
West Side in Manhattan fassungslos ein Ereignis
von großer Tragweite zur Kenntnis genommen: die

»Schoahisierung der Hand auf dem Hintern«. Fassungslos – aber nicht völlig überrascht. 1981 hatte ich Philip Roth gerade kennengelernt und in London ein Interview mit ihm für den *Nouvel Observateur* geführt. Dabei hatte ich ihn vor allem auch gefragt, wie man in den USA seinen Roman *Mein Leben als Mann* aufgenommen habe, den ich überaus schätzte. Durch dieses Buch, erklärte er damals, sei er als Frauenfeind in Verruf gekommen, es habe sich sehr schlecht verkauft, denn im Erscheinungsjahr 1974 habe man gerade entdeckt, dass Frauen gute, und zwar ausschließlich gute Menschen seien, die verfolgt und ausschließlich verfolgt wurden – und er hatte eine Frau beschrieben, die selbst verfolgte: So etwas war unerhört! Im Jahr 2017 sind in den Augen bestimmter exaltierter Feministinnen und in den Medien, die in ihre Fußstapfen treten, Frauen mehr denn je in der Opferrolle, sie sind sogar im Begriff, den Opferthron zu besteigen.

Wer über Elie Wiesel sagt, er habe jemandem das *Böse* angetan, nachdem es ihm selbst angetan worden sei, der impliziert, dass es zwei schwere, unverjährbare Verbrechen gibt: den Genozid und die sexuelle Belästigung, die all das einschließt, was die Beziehung zwischen Mann und Frau immer auch an Schroffem, Ungezähmtem und Exzessivem beinhaltet. In einem Interview, das die Zeitung *Le Monde* mit Agnès Varda in Los Angeles anlässlich der Oscar-Verleihung für ihr Lebenswerk führte, sagte sie: »Gedemütigt wird immer die Frau.« Demnach gäbe es in Liebesbeziehungen nie betrogene Männer, nie gedemütigte Männer, nie Männer, denen der Kopf verdreht und die zur Verzweiflung gebracht würden. Frauen wären nie herrisch, nie machiavellistisch, nie blindwütig oder gar rasende Furien gewesen. Medea, Lady Macbeth und der Blaue Engel wären – wie Philip Roths Maureen – nichts anderes als misogyne Hirngespinste. Die Dummheit kommt mit Riesenschritten voran, die Schwarz-Weiß-Malerei erlaubt nur noch ein einziges Narrativ und wird bald alle Geschichten, die sich ihm nicht beugen, aus unserem Kulturerbe gelöscht haben. Man entzieht sich jetzt schon einer gerichtlichen Beweisführung durch Anschuldigungen, die einer Verurteilung gleichkommen. Keine Diskussion, kein langes Gerede: Mit *name and shame* ist die Strafe bereits verhängt. Der Preisgabe des Namens folgt die Schande auf dem Fuß, mit all ihren Konsequenzen für den Namensträger.

Edwy Plenel, Gründer und Direktor der Internetzeitung *Mediapart* – das digitale Pendant von Jean-Paul Marats *L'Ami du Peuple* – ist begeistert von der durch die Affäre Weinstein ausgelösten Revolution und der #MeToo-Bewegung. Vom Strudel des Urteilens und Strafens mitgerissen, verliert auch der Marat von heute die Orientierung. Die feministische Revolution findet nicht etwa heute oder morgen statt. Sie wird nicht die große Errungenschaft des 21. oder eines späteren Jahrhunderts werden. Bei uns, im Westen, hat sie schon stattgefunden. Noch in den 1960er-Jahren konnten die Frauen nicht selbst über ihr Leben entscheiden. Nur wenige hatten den Mut oder überhaupt die Möglichkeit, ihr Leben selbst in die Hand zu nehmen und auf eigene Faust zu handeln. Wie Alice Ferney in ihrem großartigen Roman *Les Bourgeois* schreibt, war das Leben der meisten darauf ausgerichtet, Leben in die Welt zu setzen. Dem haben wir ein Ende gemacht. Inzwischen haben die Frauen die Möglichkeit, andere Fähigkeiten zu entwickeln als die Fähigkeit zur Fortpflanzung. Seit sie die Kontrolle über die Befruchtung erlangt haben, müssen sie die Folgen des Liebesakts nicht mehr fürchten: Ihre Freiheit ist somit unbeschränkt. Sie haben Zugang zum Arbeitsmarkt, sind meist auch finanziell unabhängig und lassen sich scheiden, wann und wie sie wollen. In der Mehrzahl der Fälle geht die Initiative dazu sogar von ihnen aus. Sie singen das Loblied der »Fürsorglichkeit«, und gleichzeitig ergreifen sie Berufe wie die des Polizisten oder Kriegsreporters, die bislang als ausgesprochene Männerdomäne galten. Sie haben Zugang zu allen hohen Ämtern: Sie können Oberbürgermeisterin, Umweltministerin, Verteidigungsministerin, Diplomatin, Richterin, Anwältin, Architektin, Chefärztin oder Krankenhausdirektorin werden. Es gibt keine Ausnahmen mehr: Die Männer haben ihre althergebrachten Vorrechte verloren, und von der lange als naturgegeben und unveränderlich betrachteten Rollentrennung ist nichts übrig geblieben. Unterschiedliche Bezahlung wird streng geahndet. Wenn ein Unternehmer bei gleicher Arbeit seine weiblichen Angestellten geringer entlohnen will als die männlichen, kann er verklagt werden und riskiert eine hohe Geldstrafe oder sogar bis zu einem Jahr Haft. In den Familien, der letzten Bastion der Hierarchie im demokratischen Raum, ist die elterliche an die Stelle der väterlichen Gewalt getreten, und mit der künstlichen Befruchtung ist die Fortpflanzung ohne Vater auf dem besten Weg, zum Frauenrecht zu werden.

#MeToo hat uns in der Tat die Augen dafür geöffnet, dass »kleine« Vorgesetzte, Sporttrainer, Prominente aus dem Showbusiness oder den Medien weiterhin ihre Macht auf empörende Weise ausgenutzt haben. Das ist unerträglich, und ein solches Verhalten verdient keinerlei Nachsicht. Aber heute, da der Mann für die Abstammung optional geworden ist, kann man nicht von einer patriarchalischen Gesellschaftsordnung sprechen. Die Herrschaft des Mannes ist in unseren Breiten ein Restphänomen. Um sich davon zu überzeugen, genügt ein Blick in unser erstes Bürgerliches Gesetzbuch, in den Art. 213 des *Code Civil* von 1804: »Der Ehemann ist zum Schutz seiner Ehefrau verpflichtet, die Ehefrau zum Gehorsam gegenüber ihrem Ehemann.« Die Worte »Schutz« und »Gehorsam« haben die große egalitäre Revolution nicht überlebt. Innerhalb weniger Jahrzehnte hat sich die rechtliche Lage der Frauen von Grund auf gewandelt.

Man kennt ja den schlechten Verlierer. Jetzt erleben wir eine seltsame Zeit von *schlechten Gewinnerinnen*, die sich prinzipiell weigern einzuräumen, dass ihr Ziel – die Demontage des Patriarchats in den westlichen Gesellschaften – erreicht worden ist.

Nein, ihr dreifaches Ziel besteht darin, die Früchte des Siegs zu genießen, auf den Heiligenschein des Opfers dabei nicht zu verzichten und unablässig mehr zu fordern. Sie behaupten sogar, dass sich die Lage durch die Zunahme eines Phänomens verschlimmert habe, für das sie ein neues Wort erfunden haben: den *Femizid*, den Mord an Frauen – der *Homizid* könnte zu sehr an den Mann denken lassen. Das erlaubt ihnen, ein für alle Mal mit der Vorstellung des Verbrechens aus Leidenschaft aufzuräumen – so präsent in der europäischen Literatur von der antiken Tragödie bis zum Roman – und hinter der scheinbaren Vielfalt menschlicher Dramen die erschreckende Monotonie einer einzigen Vernichtungstat aufzuzeigen, den Gipfel generalisierter Gewalt, das Maximum männlicher Macht. Politisch wachsam und daher die Augen fest verschlossen vor dem, was dem einzelnen Menschen als Individuum geschieht, dekretieren sie, dass ein Mann, der das Unentschuldbare tut und seine Frau tötet, diese Tat begeht, weil sie dem weiblichen Geschlecht angehört.

Statt hartnäckig den offenkundigen Fortschritt zu leugnen und durch einen irreführenden Neologismus die groteske Vorstellung von einem mörderischen Krieg zwischen Mann und Frau zu nähren, sollten die Aktivistinnen im Kampf für die Gleichberechtigung gegen die neuen Formen der Unterdrückung mobilmachen, die die extreme Modernität hervorbringt. Sie sollten die wachsende Zahl der Internetseiten studieren, auf denen Frauen aus

Geldmangel unfruchtbaren oder homosexuellen Paaren ihren Bauch zur Miete anbieten. »Die Welt«, schrieb Péguy, »wird danach gerichtet werden, was in ihr als veräußerlich oder unveräußerlich galt.« Unsere Welt, so stolz darauf, auf jede Ungerechtigkeit unvergleichlich schnell zu reagieren, läuft Gefahr, in der letzten Instanz zu scheitern: Inzwischen kann alles zur Ware werden, kein Bereich des Lebens wird sich diesem Handel entziehen. Jetzt ist es sogar möglich, Schwangerschaften und ihr Produkt zu kaufen. Der Begriff »Leihmutterschaft« verbrämt den Übergang in eine Gesellschaft der totalen Marktwirtschaft als segensreiche Erfahrung des Gebens. Wer den dabei zum »Backofen« (Sylviane Agacinski) verwandelten weiblichen Bauch mit solch pseudoethischem Geschwätz vermarktet, der will uns einen Bären aufbinden.

Die Neofeministinnen haben hundertmal recht. Der Kampf ist noch nicht beendet. Doch man soll die geschichtlichen Epochen nicht durcheinanderbringen. Wenn der Kinderwunsch zum Rechtsanspruch erhoben wird und die medizinische Technik es möglich macht, diesen Anspruch unbegrenzt durchzusetzen, dann sind die Unterdrücker nicht mehr die Männer, im Herzen Vergewaltiger und seit grauer Vorzeit Beutejäger, sondern die neuen und ungeduldigen Auftraggeber – beiderlei Geschlechts.

Fehlende Einstimmigkeit
der Frauen

AM 31. DEZEMBER 2017 erschien in *Le Monde* eine Kolumne von Sandra Muller, der Journalistin, der Frankreich den nach der Weinstein-Affäre entstandenen Hashtag #Verpfeif-dein-Schwein verdankt: »Verpfeif dein Schwein ... Erzähl auch du und nenne Namen der Beteiligten und Einzelheiten der sexuellen Belästigung, die du in deinem Berufsleben erfahren hast. Ich warte darauf.« Diese Kolumne ist sehr lehrreich, denn Sandra Muller berichtet darin, wie sie zu ihrem Aufruf gekommen ist: »›Verpfeif dein Schwein!‹ Diesen Ausdruck fand ich vulgär. Anfänglich beschrieb er den Filmproduzenten Harvey Weinstein, gegen den Beschuldigungen vorlagen, die von unangemessenem Verhalten bis zur Vergewaltigung reichen. In Cannes nannte man ihn ›das Schwein‹. Dann erinnerte ich mich an herabwürdigende Bemerkungen, die ich selbst bei einem Festival zu hören bekommen hatte, übrigens in

Cannes. Der Chef eines Fernsehsenders ging mich mit folgenden Worten an: ›Du hast einen tollen Busen, du bist genau mein Typ, ich verschaff dir einen Orgasmus für die ganze Nacht.‹ Das war schockierend, erbärmlich und anmaßend. Ich beschloss, den Namen meines verbalen Aggressors auf meinem Account bekannt zu machen, um ein Beispiel zu geben. Man musste dieses Verhalten unbedingt unterbinden.« Den Aggressor bezeichnet sie im Verlauf des Artikels als ihren »Peiniger«. Die Worte, deren er sich schuldig gemacht hatte, hätten bei ihr »Scham, Verdrängung und raumzeitlichen Orientierungsverlust« ausgelöst, und sie habe Jahre gebraucht, um das mit Worten zum Ausdruck zu bringen. Die durch die Weinstein-Affäre in Gang gesetzte Kampagne stand also von Anfang an unter dem Zeichen mangelnden Unterscheidungsvermögens. Abstufungen und Differenzierungen – Grundlage der Rechtsprechung – wurden weggewischt. Da er sich bei einem Cocktail zu später Stunde unter Alkoholeinfluss sprachlich vergriffen hatte, wurde Éric Brion in den sozialen Netzwerken gelyncht. Und in einer neben Sandra Mullers Kolumne platzierten Stellungnahme verweist er darauf, dass er persönlich und beruflich aufgrund der Beschuldigungen erheblich geschädigt wurde. So kommt es, dass man zur besseren Bekämpfung barbarischen Verhaltens selbst dazu übergeht, die Grundlagen der Zivilisation zu untergraben. Denn was kennzeichnet die Zivilisation deutlicher, als die stete Bereitschaft zu differenzieren?

Als ich die beiden oben zitierten Texte gelesen hatte, war ich versucht, mich zu Wort zu melden, aber ich wusste, dass meine Äußerung keinerlei Gewicht haben würde, weil ich ein Mann bin – es sei denn, ich hätte den Verzicht auf meine Privilegien dadurch bewiesen, dass ich mich der Verpfeif-Kampagne angeschlossen hätte, ich, ein Relikt vorrevolutionärer Zeiten, ein Konterrevolutionär. Das »Ich« übrigens ist unangebracht, ich habe keine eigene Identität: Mein Mannsein füllt mein Wesen vollständig aus. Deswegen kam der am 10. Januar 2019 erschienene Aufruf unter dem Titel »Frauen treten für eine andere Form von Redefreiheit ein« für mich als grandiose Überraschung. Dort heißt es: »Die Vergewaltigung ist ein Verbrechen. Aber eine Frau in lästiger Form oder auf plumpe Art anzumachen, ist nicht kriminell, die Galanterie keine chauvinistische Aggression.« Und der Text warnte vor einer summarischen Verurteilung, durch die Männer in der Ausübung ihres Berufs bestraft werden – was gelegentlich bis zur erzwungenen Kündigung führt – und deren Unrecht darin besteht, ein Knie berührt oder einen Kuss geraubt, bei einem Essen im beruflichen Umfeld intime Dinge gesagt oder einer Frau Nachrichten mit sexuellen Anspielungen geschickt zu haben, obwohl die Anziehung nicht auf Gegenseitigkeit beruhte.

Die Unterzeichnerinnen haben ihren Mut zur Vernunft teuer bezahlt. Sie wurden mit kaum vorstellbarer Schärfe angegriffen. Man ist ihnen mit der Verleihung der »Golden Globes« in New York entgegengetreten, auf dem die Stars in Schwarz erschienen und der Moderator mit der folgenden abscheulichen Ansage das Publikum zum Lachen brachte: »Harvey Weinstein wird in zwanzig Jahren in der Rolle des ersten Menschen zurückkehren, den man auf seiner Beerdigung ausgebuht hat.« Warum »ausgebuht«? Warum wird hier das respektvolle Schweigen angesichts des Todes gebrochen? Weil man hofft, auf diese Weise das Böse begraben zu können und den Mann als Mann gleich dazu. In der neofeministischen Gigantomachie regiert die Zahl Zwei. Zwei Subjekte stehen einander gegenüber, das eine ist uneingeschränkt gut, das andere niederträchtig. Die Einzelnen sind lediglich Repräsentanten. Sie gehören dem einen oder dem anderen Lager an, und ihr Kampf ist ein Endkampf. In einem solch kritischen Moment wäre es die Pflicht der Frauen, eins und unteilbar zu sein, mit einer Stimme zu sprechen. Deswegen haben die anderslautenden Wortmeldungen solche Empörung hervorgerufen.

Und daher kommt es auch, dass man sich dem literarischen Blick auf das Leben so völlig verschließt. Die Heldin in Balzacs Roman *Die Lilie im Tal*, Madame de Mortsauf, die ihre Tugend um jeden Preis bewahren will, weist alle Avancen ihres leidenschaftlichen Verehrers Félix de Vandenesse hartnäckig zurück. Auf dem Totenbett macht sie ihm dann in ihrem Abschiedsbrief dieses merkwürdige Geständnis: »Manchmal hätte ich fast gewünscht, dass Sie eine gewisse Gewalt anwendeten.« – »Manchmal, aber nicht oft oder immer, eine gewisse Gewalt, aber nicht alle Gewalt«, kommentiert Mona Ozouf diese Textstelle. Solche Differenzierungen gehen verloren. Jede Gewalt ist inzwischen kriminell. In einer Zeit des großen Kampfs hat »die Welt der Ratlosigkeit, des Zwiespalts, der Vieldeutigkeit, in die uns die Literatur eintreten lässt« keinen Platz mehr, jetzt schlägt die Stunde der Korrektur literarischer Werke. Man liest nicht mehr, man tadelt und stellt richtig. »In unserer von der Gewalt gegen Frauen geprägten Epoche ist es unvorstellbar, dass man dem Mord an auch nur einer von ihnen Beifall klatscht«, erklärte der berühmte Opernregisseur Leo Muscato, um sich dafür zu rechtfertigen, dass bei ihm Carmen den Don José ermordet. Die namhafte Historikerin Michelle Perrot hat diese mutige Initiative begeistert begrüßt. Als ob Mérimées und Bizets Bewunderer sich daran weiden würden, eine Frau sterben zu sehen, für die die Liebe immer grenzenlos war! Als ob das Ende von *Carmen* ein Happy End für ein Publikum wäre, das nach dem Blut von Frauen lechzt! Doch heutzutage will man vergelten, nicht verstehen. Othello, erschaure! Desdemona lauert dir auf, um dich zu erdrosseln. (Es sei denn, um gleich zwei Fliegen mit einer Klappe zu schlagen, und zur großen Freude der *New York Times*, Desdemona beschließt, den teuflischen weißen Mann Iago, der alle Machenschaften zu verantworten hat, ins Jenseits zu befördern.) Unter dem Vorwand, mit Genderstereotypen aufräumen zu wollen, wüten die Feministinnen der zweiten Art gegen Werke, die der Komplexität von Gefühlen gerecht werden wollen.

Kundera hat eine Bezeichnung für sie gefunden: er-barmungslose *Misomusen*.

Doch ich will nicht etwa behaupten, hier sei Puritanismus am Werk. Diese Feministinnen und ihre Bundesgenossen fühlen sich von Körperfunktionen nicht abgestoßen. Sie führen auch keinen Kampf des Geistes gegen den Leib. Nicht Keuschheit ist ihre Obsession, sondern Gleichheit. Sie wollen die Sexualität nicht unterdrücken, sie möchten sie demokratisieren. Ihren Auftrag sehen sie darin, ein für alle Mal Transparenz in den zwischenmenschlichen Beziehungen durchzusetzen, indem sie jegliche Mehrdeutigkeit, Verwirrung und Asymmetrie ausmerzen. Ich wiederhole: Was uns droht, ist also nicht die Rückkehr der repressiven Moral viktorianischer Prägung, sondern eine neue Version von strahlender Zukunft. Die postmoderne Zensur hat ihre Gründe, die unsere traditionelle Moral nicht kennt. »Die Schweine und ihre Bündnispartner*innen sind beunruhigt? Das ist normal. Ihre alte Welt geht gerade unter. Sehr langsam, zu langsam, aber unaufhaltsam«, verkündet die Prophetin der Bewegung, Caroline de Haas. Der Aufruf, der durch Catherine Deneuves Unterschrift weltweite Aufmerksamkeit erregte, ist ein Protest der alten Welt, das heißt des Menschen, wie er ist, gegen den messianischen Eifer, einen neuen Menschen zu formen.

Man hat den Spielverderberinnen vorgeworfen, der Freiheit zur Belästigung das Wort zu reden. Doch lästig ist jemand, der vergeblich versucht, seine Chance wahrzunehmen. Man sollte ihm sein

Scheitern nicht auch noch als Verbrechen anlasten. Ich beschwöre diejenigen, die immer und überall die Herrschaft des Mannes wüten sehen, Michel Houellebecqs Roman *Die Ausweitung der Kampfzone* zu lesen. Sie werden dort eine der bewegendsten Figuren der Gegenwartsliteratur kennenlernen: Raphaël Tisserand. Dieser Programmierer arbeitet für eine Informatikfirma und führt ein trostloses Leben, zusätzlich erschwert durch seine Hässlichkeit (er hat das »Aussehen einer Büffelkröte«, schreibt Houellebecq) und mangelnden Charme. Mit 24 Jahren hat er noch nie mit einer Frau geschlafen. Alle seine Avancen laufen ins Leere, seine Angebote werden gnadenlos zurückgewiesen. Doch er lässt sich nicht abschrecken. So begleitet er den Erzähler einmal in einen Nachtklub. Er fasst eine Brünette ins Auge und geht mit dem Mut der Verzweiflung zum Angriff über: »Einige Minuten lang tanzte Tisserand in ihrer Nähe, wobei er die Arme lebhaft nach vorne warf, um die Begeisterung anzuzeigen, die ihm die Musik einflößte. Zwei- oder dreimal schlug er sogar in die Hände, aber das Mädchen schien ihn überhaupt nicht zu bemerken. Er nutzte eine kurze musikalische Pause, um sie anzusprechen. Sie drehte sich um, warf ihm einen verächtlichen Blick zu und überquerte die ganze Tanzfläche, um sich von ihm zu entfernen. Das Urteil war unwiderruflich.«

Raphaël Tisserand will sich nicht geschlagen geben. Er bemerkt ein junges Mädchen von höchstens 15 Jahren, pflanzt sich vor ihr auf und fordert sie auf »einen Rock mit ihm zu tanzen; ein wenig überrumpelt, ging sie darauf ein. Schon bei den ersten Takten von *Come on everybody* spürte ich, dass er ausgerastet war. Er schleuderte das Mädchen mit zusammengebissenen Zähnen und bösartiger Miene herum; jedes Mal, wenn er sie an sich zog, nutzte er die Gelegenheit, um ihr die Hand auf den Hintern zu pressen. Kaum waren die letzten Töne verklungen, eilte das Mädchen zu einer Gruppe von Gleichaltrigen. Tisserand blieb in der Mitte der Tanzfläche zurück und sah halsstarrig drein; er sabberte ein bisschen. Das Mädchen zeigte auf ihn, während sie mit ihren Freundinnen sprach; prustend vor Lachen schauten sie zu ihm herüber.« Einige Tage nach dieser Episode stirbt Raphaël Tisserand bei einem Verkehrsunfall, der eher wie ein Selbstmord aussieht.

Als ich jung war, verfügte ich über ein annehmbares Äußeres. Ich war schüchtern, aber kein Mauerblümchen, ich blieb nicht am Rande stehen. Meine erotischen Erfolge waren nicht außergewöhnlich, aber zufriedenstellend. Und trotzdem fühlte ich mich nie sicher davor, das böse Erwachen eines unscheinbaren Menschen zu erleben, den man, wenn er sich endlich hervorwagt, der Lächerlichkeit preisgibt, den man, kaum hat er den Sprung ins kalte Wasser getan, wegen seiner Unbeholfenheit verächtlich macht, den man in seine Einsamkeit zurückstößt, sobald er, die Angst im Nacken, einen Schritt nach draußen tut. Das Herz zieht sich mir zusammen, wenn ich die unglückseligen Erlebnisse dieses Verlierers lese und immer wieder lese. Das ist nicht bloß Mitleid. Ich setze selbst alles auf eine Karte, erkenne mich selbst in seinem inneren Kampf wieder, wenn er die panische Angst zu missfallen überwinden will, empfinde selbst die Abfuhren, die er erleidet. Ich bin nicht Beobachter seines Scheiterns, ich schaue nicht zu, wie er stürzt: Ich mache sein Schicksal zu meinem, bis hinein in die tiefste Demütigung und die entsetzlichste Lächerlichkeit. Raphaël Tisserand, mein Bruder, meinesgleichen. Die meisten Frauen und Männer haben Grausamkeit und Gewalt im Verführungsspiel zu spüren bekommen.

Erbaulicher Kitsch statt sexistischer Klischees

MÄRZ 2018: Kurze Zeit nach dem Internationalen Frauentag forderte eine Initiative von Filmschaffenden eine Frauenquote, um echte Gleichberechtigung in ihrer Branche zu gewährleisten. Es gehe darum, schrieben insbesondere Annie Duperey, Isabelle Carré, Éva Darlan und Yamina Benguigui, die ungerechte Vergabe von Subventionen abzuschaffen und neuen Persönlichkeiten im Kulturleben Platz zu machen: »Das Kino braucht die Vorstellungskraft von Frauen, die ihre Bilder erschaffen und ihre Geschichten erzählen, damit den abscheulichen Stereotypen der vorherrschenden Ästhetik ein Ende gemacht wird.« Mit anderen Worten: Fellini, Bergman, Kurosawa, Lubitsch, Lang, Wajda, Melville, Kubrick, Swjaginzew, Scorsese sind keine einmaligen und unvergleichlichen Künstler, sondern austauschbare Angehörige der Kaste Mann, brave Soldaten der Phallokratie. Und ebenso gilt, dass man in den Frauen die Frauen als solche sehen soll, als Beispiele ihrer bedrohten Art – und von Beispiel zu beispielhaft ist es nur ein kurzer Weg, den Frances McDormand bei der Oscar-Verleihung ungeniert eingeschlagen hat. »Das Ziel ist«, sagte die preisgekrönte Schauspielerin, »die Frauen realistisch darzustellen und ein Narrativ der Gleichberechtigung durchzusetzen.« Wie soll unter diesen Umständen eine weibliche Gestalt erdacht werden, die unausstehlich oder herrschsüchtig ist? »Voller Pioniergeist, engagiert, visionär, wagemutig, unbeugsam, einzigartig, grenzüberschreitend, furchtlos, rebellisch, nicht einzuordnen, leidenschaftlich«, das sind die Frauen, wenn wir einer angesagten Zeitschrift glauben wollen. Nach Jahrhunderten der Unterdrückung und Verleumdung ist es der einzige angemessene Weg, sie darzustellen. In der Welt des Films führen die neuen Militanten ihren leidenschaftlichen Kampf gegen die sexistischen Klischees mit erbaulichen Kitschfiguren.

Zwei Journalistinnen von *Le Monde* stellen in der Ausgabe vom 9. März voller Stolz fest: »Fünf Monate danach, und #MeToo ist immer noch da.« Sie begrüßen den Hashtag, den Sandra Muller, ihrerseits Opfer von Übergriffen, ins Leben gerufen hatte: #Verpfeif dein Schwein. »Diese drastische Formulierung zeigte die Erbitterung, die sich bei den Frauen angesammelt hat, die schweigend gelitten hatten, weil ihnen bewusst war, wie die Gesellschaft das System sexueller Machtausübung schützt.« Ist diese Formulierung wirklich angebracht? Frankreich verfügt über eine Fülle von höchst wirksamen juristischen Druckmitteln gegen männliches Machtgehabe, und 22 Prozent der Häftlinge in französischen Gefängnissen sitzen wegen sexueller Delikte ein. Insgesamt lassen all diese Kommentare, einer verblüffender als der andere, das Wesen des Neofeminismus erkennen.

Der Neofeminismus *vermengt*, er erzeugt ein *Amalgam* von ungleichartigen Dingen: Der erzwungene Liebesakt und obszöne Äußerungen werden in einen Topf geworfen. Sandra Mullers »Schwein« hatte zu ihr gesagt, sie habe einen tollen Busen und er werde ihr einen Orgasmus für die ganze Nacht verschaffen; sie war empört, er ließ von ihr ab. Als die Regierung den Straftatbestand der sexistischen Beleidigung einführte und damit eine kriminelle Gemeinsamkeit zwischen völlig verschiedenen Verhaltensweisen herstellte, öffnete sie dieser Art von Vermengung Tür und Tor auch in der Gesetzgebung.

Der Neofeminismus ist eine Form von *sozialistischem Realismus*. »Jede Kunst, die diesen Namen verdient, zeigt uns immer wieder, dass die Grundlage der Welt das Individuum ist. [...] Der große Gegenstand der Kunst wird immer das Individuum sein, mit seinem eigenen Gesicht und seinem eigenen Namen«, schrieb Aharon Appelfeld. Und Marc Fumarolis Formulierung klingt wie ein Echo darauf: »Die Literatur ist die Jurisprudenz des menschlichen Lebens.« Die neue Welt will davon nichts wissen. Die Ontologie der Kunst ist ihr fremd. Sie verachtet die Jurisprudenz. Auf die Einzigartigkeit der Fälle nimmt sie absolut keine Rücksicht. Das Individuum straft sie mit Missachtung. Edel oder verächtlich, gut oder böse, sie kennt nur Prototypen.

Der Neofeminismus bedingt eine *Gefühlsverarmung*. Eine seiner Theoretikerinnen, Camille Froidevaux-Metterie, definiert zum Beispiel die Liebe als »eine zwischen zwei freien Menschen getroffene Vereinbarung, die aufgehoben werden kann, sobald einer von beiden das wünscht«. Im Gegensatz zu dieser stets durchsichtigen, gleichberechtigten und bis zu ihrem Ende friedfertigen Beziehung ist die überwältigende Leidenschaft, die man als eifriger Romanleser einst als charakteristisch empfunden hätte, heute Bestandteil einer Definition sexueller Gewalt.

Der Neofeminismus ist *Vandalismus*: Unter dem großtönenden Vorwand, das Privileg der Männlichkeit abzuschaffen, wird die Sprache entstellt – bis zur Unleserlichkeit und Unaussprechlichkeit. Der Reichtum einer Sprache, den zahllose glänzende Schriftsteller mitgeschaffen haben, wird im Namen der Gleichberechtigung zwischen den Geschlechtern durch ein grauenhaftes Kauderwelsch ersetzt, das bis in die Institutionen, in denen Wissen vermittelt werden soll, auszugreifen beginnt. Da stellt man dann beispielsweise ein psychotherapeutisches Forschungsprojekt mit dem folgenden Titel vor: »Die Kreativität de* Therapeut*in – ein zentraler Wirkfaktor?« Das glanzvolle Epos vom Kampf für die Emanzipation gerät zur bodenlosen obligatorischen Posse.

Und schließlich ist der Neofeminismus ein *Bova-rysmus*: Wie die Achtundsechziger der Mai-Unru-hen, die sich für Revolutionäre oder Widerstands-kämpfer hielten, leben die Neofeministinnen in einer imaginären Welt und sehen sich anders, als sie wirklich sind. Gewalt und Aggression sind nicht aus der Welt, aber *Le Monde* hat jetzt eine Taskforce von 15 Journalisten ins Leben gerufen, die das Netz-werk eines »systembedingten Sexismus« freilegen soll, obwohl die Frauen noch nie in der Geschichte der Menschheit so frei waren wie heute in West-europa. Und sollte sich das morgen ändern, dann nur, wenn Europa sich enteuropäisiert.

Den 8. März hat auch der Oberste Führer der Islamischen Republik als Datum gewählt, um in ei-ner feierlichen Rede die Keuschheit muslimischer Frauen mit den dekadenten Sitten des Westens zu vergleichen und so die Gefängnisstrafen für irani-sche Frauen zu rechtfertigen, die es wagen, sich ohne Schleier in der Öffentlichkeit zu zeigen. Damit bestä-tigt sich auch die Diagnose der amerikanischen Mis-sionarin Ruth Woodsmall, die jahrelang in der Tür-kei lebte und 1936 schrieb: »Wenn der Bewohner des Ostens nach Westen reist oder der Westländer nach dem Osten, dann empfindet jeder von beiden stark, dass er eine soziale Scheidelinie überschritten hat, die realer ist als geographische Grenzen oder Unter-schiede der Sprache oder der Rasse. Die soziale Ord-nung ist im Osten und im Westen auf grundverschie-denen Prinzipien errichtet. Der springende Punkt ist der Unterschied in der Stellung der Frau.«

Man darf wohl behaupten, dass sich seit damals die Kluft noch vertieft hat, wenn man einerseits den unaufhaltsamen Fortgang der demokratischen Revolution betrachtet und andererseits den unerwarteten Aufstieg des islamischen Fundamentalismus. Zudem ist der Islam inzwischen in Europa massiv präsent. Die islamischen Gläubigen stellen heute den größten Anteil der unteren Gesellschaftsschicht. Und ganz im Sinne der guten Moral rousseauistischer Prägung dürfen die Beherrschten nicht stigmatisiert werden, sodass wir unbedingt vermeiden müssen, über andere als uns selbst zu urteilen. So polarisieren wir unsere Gesellschaft durch ein Übermaß an Wachsamkeit gegenüber den »abscheulichen Stereotypen« der westlichen Kultur.

Das Hassritual

UM DAS VOLK zu unterhalten und das Gemeinschaftsgefühl zu stärken, organisierte »Big Brother« zwei Minuten täglichen Hass. Dann erschien auf allen Bildschirmen das Gesicht von Emmanuel Goldstein. »Es war ein hageres jüdisches Gesicht mit einem großen wirren Kranz weißer Haare […] ein kluges Gesicht, und doch irgendwie verabscheuenswürdig.« Goldstein war der Verräter, der zum Feind übergelaufene Verschwörer.

Nach einer halben Minute waren die ersten Zuschauer so wutentbrannt, dass sie Schaum vorm Mund hatten. Eine Frau begann zu schreien: »Schwein! Schwein! Schwein!«

Die Erinnerung an diese Szene kam mir schlagartig am 28. Februar 2020. Ich saß vor meinem Fernseher und schaute mir wie versteinert die 45. Ausgabe der César-Filmpreisverleihung an. Gleich zu Beginn spottete die Moderatorin, eine Entertainerin natürlich, über das Äußere des Filmemachers Roman Polański, der mit mehreren Nominierungen in den Wettbewerb gegangen war. Sie nannte ihn Atchoum (Hatschi), nach einem der Sieben Zwerge im Disney-Film. Und empört über all seine Nominierungen verwandelte sie seinen Film über die Dreyfus-Affäre *J'accuse* (*Ich klage an* – deutscher Filmtitel: *Intrige*) und die Rolle des Obersten Picquart darin in komischer Verfremdung in eine Anklage gegen die Pädophilie der 1970er-Jahre. Das Publikum in Abendgarderobe gluckste – und der Kultusminister setzte ein komplizenhaftes Lächeln auf. So ganz 1984 wurde es noch nicht: Er hatte nicht, gewissermaßen als Big Brother, einen neuen Emmanuel Goldstein ausgesucht. Nur aus Opportunismus schloss er sich der Meute an, die über ihr Opfer herfiel. Auch nicht als Regisseur, sondern bloß als braver Zuschauer zollte er der ununterbrochenen Abfolge von giftigen Gags seinen Beifall. Heutzutage werden Hassrituale nicht von der Regierung organisiert, sondern von der Welt der Kunst und des Showgeschäfts, die sich gegen alle Formen von Dominanz mobilisiert.

Die Schauspielerin Aïssa Maïga zählte die im Saal anwesenden Farbigen. Wo die Diversität regiert, machen die Antirassisten Inventur. Man nennt das die Pflicht zur Erinnerung. Als der Schauspieler Jean-Pierre Darroussin entsetzt feststellte, dass der César für das beste adaptierte Drehbuch an Roman Polański und Robert Harris ging, verschluckte er, in Anspielung auf den mafiosen Meyer Lansky, gezielt die erste Silbe von Polańskis Nachnamen. Die Schauspielerin Adèle Haenel ihrerseits fand es unerträglich, dass man mit dem César für die beste Regie einen Mann auszeichnete, der 1977 von einem Gericht in Los Angeles des Missbrauchs einer Jugendlichen für schuldig befunden worden war. Sie verließ den Saal mit dem lauten Ausruf: »Das ist eine Schande!« Einige Zeit zuvor hatte sie in einem Interview mit der französischen Internetzeitung *Mediapart* das Verhalten des Regisseurs Christophe Ruggia ihr gegenüber angeprangert, zu dem es 2001 bei der Vorbereitung und den Dreharbeiten des Films *Kleine Teufel* gekommen sei. Er habe keinen körperlichen Zwang angewandt, es sei nicht zu Berührungen gekommen, aber, so sagte sie im Wesentlichen, sie sei wie in einem Netz gefangen, in seiner Macht gewesen. Und solch manipulative Macht geht inzwischen, wie wir gesehen haben, in die Definition von Vergewaltigung ein.

Auf Adèle Haenel folgte unter anderen die wohlmeinende Leïla Slimani. Man erzähle dieser vorbildlichen Schauspielerin und mustergültigen Romanautorin nur nicht, dass Samantha Geimer, auf deren Leidensweg sie sich in ihrem Ruf nach Gerechtigkeit beziehen, heute die Erste ist, die Polański in Schutz nimmt und die sich weigert, in ihrem Trauma eingesperrt zu werden. »Wenn man sich aus einem egoistischen Verlangen nach Hass und Bestrafung weigert zu akzeptieren, dass ein Opfer verzeiht und die Vergangenheit hinter sich lässt, verletzt man es nur umso tiefer«, sagt sie an die Adresse jener gerichtet, die sie rächen wollen und in der Öffentlichkeit Plakate mit ihrem Bild zeigen. All jene, die so schrecklich vereinfachen, erinnert sie daran, dass Polański zu drei Monaten Gefängnis verurteilt wurde und dann, als man ihn nach der zur Hälfte abgesessenen Strafe wegen guter Führung entließ, vom Staatsanwalt erfuhr, er werde entgegen seiner vorherigen Zusicherung ein Verfahren einleiten, in dem Polański bis zu fünfzig Jahre Haft drohten. Daraufhin fasste der Regisseur den Entschluss, die USA heimlich zu verlassen. Er hat sich nicht der Gerechtigkeit entzogen, wie immer wieder behauptet wird, sondern, wie Samantha Geimer selbst sagt, einer Ungerechtigkeit. Und sie sagt auch: »Ich bin glücklich, dass Roman diese Entscheidung getroffen hat. Das ist schlicht und ergreifend die Wahrheit.« Auf diese Wahrheit reagieren die sensiblen Feministinnen höchst unsensibel. Wenn es um die große Sache geht, erlaubt man sich eben, die kleineren Wahrheiten im Faktischen zu ignorieren.

Überflüssig, auf Polańskis Biografie als Überlebender des Holocausts zu verweisen und daran zu erinnern, dass seine spätere Frau Sharon Tate unter entsetzlichen Umständen zu Tode kam: Für die aufgebrachte Kulturszene gehört er ganz und gar ins Lager der Henker. »Nie wieder!« bedeutet nun: Nie wieder er, nie wieder die Schweine, nie wieder die hetero-patriarchale Unterdrückung. Ganz wie in heute vergessenen kommunistischen Zeiten ist die neofeministische Ideologie gnadenlos binär und opfert die menschliche Vielfalt der Dringlichkeit des Kampfs. Wie man am 28. Februar 2020 in Paris feststellen konnte, hat diese Ideologie zahlreiche leidenschaftliche oder auch nur angepasste Parteigänger. Zu deren großen Erleichterung erhielt Ladj Ly für *Les Misérables* (*Die Wütenden*) den César für den besten Film. Eine wohlverdiente Ehrung. Doch für die Neomoralisten, die es ablehnen, Mensch und Werk zu trennen, war es nicht von Bedeutung, dass dieser talentierte Filmemacher zu drei Jahren Gefängnis (eines davon auf Bewährung) wegen Beihilfe zur Entführung und Freiheitsberaubung eines Mannes verurteilt worden war, der die unselige Idee gehabt hatte, mit der Frau eines Verwandten von Ly zu schlafen. Diejenigen, die es für richtig hielten, diese Vorgeschichte ans Licht zu holen, bezeichnete das Kulturmagazin *Télérama* als Repräsentanten der »France rance«, des »ranzigen« Frankreichs. Für das frische, unverdorbene Frankreich, dieses offene, brüderliche und mitfühlende Land, kann das Gesicht der Männerherrschaft nur ein Bleichgesicht sein …

Bei ihrer Aufzählung der reichen und berühmten Wüstlinge schien es der Moderatorin angebracht, außer Polański auch Harvey Weinstein, den Milliardär Jeffrey Epstein und Dominique Strauss-Kahn zu nennen. Außerdem spielte sie ziemlich unmissverständlich auf den Schauspieler und Sänger Patrick Bruel an. Als Polański ausgezeichnet wurde, trat sie »angeekelt« vom Podium ab. Genauso angeekelt setzten zwei Aktivistinnen, die sich als »Les Terriennes« bezeichnen, folgenden Tweet ab: »Wer das Gas verdient hätte, war Polański.« An Auschwitz hätten sie dabei nicht gedacht, entschuldigten sie sich nachträglich, sondern an die Demonstranten während der Verleihung, die man mit Tränengas vertrieben habe. Diese gewiss ehrliche Entschuldigung verschlimmert die Sache. Sie bedeutet nichts anderes, als dass unsere Gegenwart nur noch sich selbst kennt, und dass für Menschen mit akademischem Hintergrund Gas nicht mehr mit Zyklon B assoziiert wird, sondern nur noch mit Tränengas bei Polizeieinsätzen.

Nach dem Hass-Abend meldete sich die Romanautorin Virginie Despentes mit einer flammenden Kolumne in der Zeitung *Libération* zu Wort: »Ab sofort stehen wir auf und legen los!« Ihr »Ich klage an!« ging weit über die Weigerung hinaus, einen Autor nicht für Verfehlungen haftbar zu machen, die er sich als Mensch zuschulden kommen ließ. Virginie Despentes sagte nicht wie einst Tzvetan Todorov über Shakespeare: »Falls ein wundersamerweise in unsere Welt zurückgekehrter Shakespeare uns erzählen würde, dass seine Lieblingsbeschäftigung die Vergewaltigung kleiner Mädchen sei, dürften wir ihn darin nicht mit der Begründung bestärken, dass er einen weiteren *King Lear* schreiben könnte. Die Welt ist nicht dazu da, Meisterwerke hervorzubringen.« Die empörte Schriftstellerin vertritt die Meinung, Roman Polański sei nicht als Filmemacher des Jahres geehrt worden, *obwohl* er ein Vergewaltiger sei, sondern *weil* er Vergewaltiger sei: »Es ist Zeit, dass die Reichsten ihre wunderbare Botschaft verkünden: Die Achtung, die man ihnen schuldet, erstreckt sich ab jetzt bis zu ihrem Schwanz, befleckt vom Blut und Kot der von ihnen vergewaltigten Kinder.« Von ihrem eigenen Elan mitgerissen, fügte sie hinzu: »Das gilt für die Vergewaltigung, das gilt für die Ausschreitungen eurer Polizei, das gilt für die Césars, das gilt für eure Rentenreform. Das ist eure Politik: Zu fordern, dass die Opfer schweigen.« Und dann gab sie ihnen noch mit auf den Weg: »Ihr wisst ganz genau, was ihr tut, wenn ihr Polański verteidigt: Ihr fordert, dass man euch sogar für eure Verbrechen bewundert.«

»Das ist vorbei«, verkündet die Unerbittliche. »Wir stehen auf. Wir legen los. Wir machen Zoff. Ihr könnt uns mal.« Alles wird in einen Topf geworfen, die Verschiedenartigkeit der Situationen und Probleme geht unter im Gegensatz zwischen dem »Wir« der Empörten und dem »Ihr« der Widerlinge. Und diese atemberaubende Vereinfachung wird auch noch als Kunst abgesegnet. In den Kommentaren, selbst den kritischen, hat man das flammende Plädoyer der Virginie Despentes als hervorragende literarische Leistung gewürdigt.

In seinem Essayband *Eine Begegnung* schildert Milan Kundera das Konzentrationslager Theresienstadt: »Eine ganze in ein Ghetto verwandelte Stadt, die von den Nazis als Schaufenster benutzt wurde, wo sie die Häftlinge relativ zivilisiert leben ließen, um sie den Deppen vom Internationalen Roten Kreuz vorführen zu können.« Die Intellektuellen, die Schriftsteller, die Lehrer, die Maler, die Komponisten Mitteleuropas, die das Lager bewohnten, dienten als Alibi für die Propaganda. Doch sie haben diese scheinbare Freiheit nicht zurückgewiesen. Sie organisierten zahlreiche Konzerte, Ausstellungen, Theateraufführungen, und bis zum Schluss hielten sie den Schulunterricht am Leben. »Was stellte die Kunst für sie dar? Die Art und Weise, das Spektrum der Gefühle und Reflexionen in voller Breite zu erhalten, damit das Leben nicht auf die bloße Dimension des Schreckens reduziert wäre.«

In unserer relativ unkriegerischen Welt, die einer nuancierenden Betrachtung eigentlich Raum lassen sollte, geschieht gerade das Gegenteil. Alles wird auf die bloße Dimension des Schreckens reduziert, und solch fanatische Verengung bezeichnet man dann als Literatur.

Die ultimative Scham

MIT DER POLITISCHEN KORREKTHEIT wurde
ein neues Kapitel in der Geschichte des schlechten
Gewissens aufgeschlagen. Es war die Scham, der
Bourgeoisie zu entstammen, die einst viele Intellektuelle antrieb, in die Politik zu gehen. Weil sie mit einem silbernen Löffel im Mund geboren waren, aber
sich nicht damit zufriedengeben wollten, in einer un-
gerechten Welt das Leben zu genießen, büßten sie für
ihren Wohlstand und ihre Privilegien, indem sie sich
für die Proletarier engagierten. Nun ist der Zeitpunkt
gekommen, Scham dafür zu empfinden, ein Mann zu
sein. Jetzt gilt es nicht mehr, gegen das eigene Klas-
seninteresse zu agieren, sondern um Vergebung zu
bitten für die rohen Triebe. Die schuldbeladenen Bürgerlichen haben die Fronten gewechselt. Der reuige
Mann bemüht sich, braver zu begehren, sanfter, und
der Frau die Misshandlung der Penetration zu ersparen. Der Schriftsteller Lionel Duroy ist der eloquen-
teste Vertreter dieses neuen Schuldbewusstseins. Gegenüber der Wochenzeitung *Télérama* erklärte er:

»Im Laufe der Zeit erschauerte ich bei der Vorstellung von Geschlechtsverkehr, weil mir die Aggressivität des Sexualakts schwer erträglich und die extreme Gewalttätigkeit maskuliner Sexualität bewusst wurde, während sich gleichzeitig der Widerwille verstärkte, den ich als Kind bei dem vulgären Gerede unter Männern empfunden hatte, wenn sie von ihrer Lust sprachen und dabei ein Vokabular verwendeten, das abstoßend und schlüpfrig, dümmlich und machohaft war. Meine fünf Brüder und ich – wir sind jetzt wieder versöhnt – ähneln uns in dieser Hinsicht. Nie gab es zwischen uns diese männliche Komplizenschaft in Bezug auf den Sex. Ich stelle fest, dass ich, abgesehen von meinem Verleger Bernard Barrault, keine männlichen Freunde habe; ich neige dazu, ihnen aus dem Weg zu gehen, immer scheinen sie etwas beweisen zu müssen, während ich nur erwarte, dass sie mit mir von sich sprechen.«

Wenn diese Erotik-Scham Schule machen würde, wäre das kein Sieg des Feminismus, sondern für die Frauen eine sehr schlechte Nachricht. So etwas verlangen sie gar nicht. Zum Liebesakt gehört zwar Behutsamkeit, aber auch eine gewisse Gewalt. Und was meine Person betrifft, ich schäme mich keineswegs dafür, ein Mann und heterosexuell zu sein, sondern ich bin dankbar dafür, dass ich die Möglichkeit habe, in der Frau eine Verschiedenheit zu erkennen, ein Anderssein, das sich auch in der körperlichen Vereinigung nicht aufheben lässt.

Doch Lionel Duroy begnügt sich nicht mit dieser lächerlichen Reue. Er greift die Frage der Migranten auf und sagt dazu: »Ich bin sicher, dass eines Tages ein neuer Claude Lanzmann kommen wird, der einen *Shoah*-Film über das dreht, was im Mittelmeer geschieht, und wir werden uns schämen.« Nicht genug damit, dass die Migranten als Flüchtlinge, als Nomaden »judaisiert« werden; Lionel Duroy geht auf seinem kühnen Gedankenflug noch weiter und macht aus dem Mittelmeer ein neues Auschwitz. Unerheblich, dass man Zehntausende von Frauen, Männern und Kindern aus dem Mittelmeer gerettet hat. Unerheblich, dass Europa seit einigen Jahrzehnten zu einem der weltweit größten Einwanderungsgebiete geworden ist und dass Frankreich mit 270 000 jährlich gewährten Aufenthaltserlaubnissen und rund 120 000 Asylanträgen eines der aufnahmewilligsten europäischen Länder ist. Unerheblich, dass die Asylbewerber hier höhere Zuwendungen bekommen als irgendwo anders. Unerheblich, dass diejenigen, die sich zu Unrecht in diesem Land aufhalten, eine staatliche Unterstützung für medizinische Leistungen erhalten, die alles einschließt (mit Ausnahme von Kuren oder der medizinisch assistierten künstlichen Befruchtung) und das Gemeinwesen eine Milliarde Euro pro Jahr kostet – Lionel Duroy, dem angesichts der Unglücklichen, die sich an unseren Toren drängen, das Herz blutet, schert sich wenig um solch glanzlose Buchführung, er sieht sich als ein zweiter Jan Karski im einsamen Kampf gegen den jetzigen Genozid. Er hat aber den Film *Shoah* gesehen, er hat die unerträglichen Berichte der Henker und der Geretteten gehört. Das hat ihn zum Weinen gebracht, und gleichzeitig hat es nichts in ihm bewirkt. Er hat nicht gesehen, was er gesehen hat. Müssen wir daraus schließen, dass die Zeugen umsonst geredet haben und dass die Kunst stets der Ideologie unterliegt? Diese Hypothese ist schaudererregend.

Vom Splitter
und vom Balken

SEIT VANESSA SPRINGORAS BUCH *Die Einwilligung* erschienen ist, in dem sie von ihrem Verhältnis als Vierzehnjährige mit dem Schriftsteller Gabriel Matzneff berichtet, fragt sich eine empörte Öffentlichkeit: Wieso hat man so etwas zugelassen? Woher kommt diese Nachsicht, dieses Hinnehmen, ja, diese Faszination für einen Schriftsteller, der mit offenen Karten spielte, der in einem Buch nach dem anderen von seinen Abenteuern erzählte, die er, wie er es dreist formulierte, »in einem Höllenritt« einander folgen ließ, der 1974 *Les Moins de seize ans* (Unter sechzehn) veröffentlichte und Vanessa, »betörende Schönheit mit blauen Augen und blonden Haaren«, zur Heldin seines Romans *La prunelle de mes yeux* (Mein Augapfel) machte, eines Buches, das in der Reihe Folio (Gallimard) erhältlich ist? Wie war diese anhaltende Straflosigkeit eines Autors *möglich, auf den unter gar keinen Umständen das Prinzip der*

Trennung von Mensch und Werk anwendbar war? Denn sein Werk, das ist er selbst in allen Lebenslagen und aus jeder Perspektive, seine Eroberungen, seine Heldentaten, was er isst und was er nicht isst, seine Askesen und seine Ekstasen – mit anderen Worten, Gabriel Matzneff, wie er leibt und lebt. Wie lässt sich erklären, dass er zwischen 1977 und 1983 Kolumnist von *Le Monde* war, dass anschließend *Le Point* sich so bemüht hat, ihn zu übernehmen, und dass ihm am 4. November 2013 der Prix Renaudot für *Séraphin, c'est la fin!* verliehen wurde, eine Sammlung von Kolumnen, die zwischen 1984 und 2012 in verschiedenen Zeitungen und Zeitschriften (von *Combat* bis *Gala*) erschienen waren?

In *Marianne* zieht Jacques Julliard »die abgedrehte Clique von Saint-Germain-des-Prés« zur Rechenschaft. Jacques de Guillebon prangert in *L'Incorrect* »den Untergang der Gelehrtenrepublik« an. Wie viele andere rechnet Chantal Delsol mit einer Epoche ab, die ihre Orientierung verloren hat und die, während sie sich rühmte, mit der spießbürgerlichen Moral aufzuräumen, berauscht von einem nihilistischen »Alles ist erlaubt«, im Sumpf versunken ist. Die Fortschrittlichen – und das ist wahrhaftig eine Premiere – sind sich mit den Reaktionären einig, dass dieser Bewusstseinswandel zu begrüßen sei. Recht und Würde des Menschen hätten in der Matzneff-Affäre das verheerende Zwischenspiel vom »Genuss ohne Reue« beendet. Man dürfe der #MeToo-Bewegung dafür danken, dass sie uns wachgerüttelt habe.

Ich sehe die Dinge etwas anders. Nicht dass ich von besonderer Sehnsucht nach meiner Jugend als Spätachtundsechziger erfüllt wäre; aber ich schäme mich nicht dafür. Wir folgten mit den uniformen langen Haaren einem gewissen Herdentrieb, aber deswegen waren wir nicht niederträchtig. Wir hatten eine Moralvorstellung, die Lacan glänzend zusammengefasst hat: Das Einzige, dessen man, wenigstens in analytischer Sicht, schuldig sein könne, sei »abgelassen zu haben von seinem Begehren«. Das moralische Übel sah man damals im *Verzicht*. Wir hielten dem, was im Verhalten und in der Lebensweise der vorausgehenden Generation noch im Licht des Sündenfalls gesehen wurde, die Unschuld des sinnlichen Verlangens entgegen. Nach dem Vorbild der *Flower-Power*-Bewegung skandierten wir den Slogan: »Make love, not war!« Wir waren der Meinung, nur eine erfüllte Sexualität könne den Umgang der Menschen in der Gesellschaft friedlich gestalten, und wir sahen – wie Marcuse – unseren Platz ganz naiv in einer Zukunft ohne sexuelle Unterdrückung. Niemand hat den Geist dieser Epoche besser zusammengefasst als Annie Ernaux in *Die Jahre*: »Die Schamgefühle von gestern gerieten aus der Mode. Man spottete über den ›jüdisch-christlichen Schuldkomplex‹ oder das ›sexuelle Elend‹, und ›frigide‹ war eine beliebte Beleidigung. Die Zeitschrift *Parents* brachte Frauen bei, mit gespreizten Schenkeln vor dem Spiegel zu masturbieren. [...] Zärtlichkeiten zwischen Kindern und Erwachsenen wurden enttabuisiert. Alles, was bisher verboten war, eine Todsünde, war mit einem Mal empfehlenswert.« In der menschlichen Psyche kam es zu einer Revolution: Die Lust wurde zur Pflicht. Das *Es* trat an die Stelle des *Über-Ichs*. Außerdem standen wir alle unter dem Schock der Affäre Gabrielle Russier, jener Lehrerin, die mit einem ihrer Schüler ein Liebesverhältnis eingegangen war. Nachdem die Eltern sie angezeigt hatten, wurde sie zu einer Gefängnisstrafe verurteilt und beging später Selbstmord. Präsident Georges Pompidou zitierte in einem Interview dazu den Dichter Paul Éluard:

Verstehe wer mag
Meine Reue war
[...]
Das vernünftige Opfer
[...]
Mit verlorenem Kinderblick
[...]
Die den Toten gleicht
Die starben weil man sie liebte.

Zwei Jahre später kam ein überaus erfolgreicher Film von André Cayatte in die Kinos, *Mourir d'aimer,* mit Annie Girardot. Sechs Millionen Zuschauer haben ihn gesehen. In unserem Aufstand gegen Tabus und Vorurteile wollten wir ein für alle Mal ein System beseitigen, das Gabrielle Russier in den Selbstmord getrieben hatte.

Diese Moral des Sichaustobens hat zu vielen Exzessen geführt und sicher auch Unglück gebracht,

wie Vanessa Springoras Buch bezeugt. Doch es wäre
falsch, wenn wir nun eine Rückkehr zu einem allgemein anerkannten sittlichen Wohlverhalten begrüßen würden. Es gibt keine Justiz im Rudel. Und wo
bleibt die Vernunft, wo die Moral, wo der Fortschritt, wenn man sich über Gradunterschiede und
Einzelfälle hinwegsetzt, wenn sich die Grenze zwischen Adoleszenz und Kindheit verwischt, wenn jeder, der sich in ein junges Mädchen verliebt, zum
Pädophilen und jeder Pädophile zum Mörder erklärt
wird, wenn man die Verführung Minderjähriger mit
Vergewaltigung gleichsetzt, wenn es immer mehr
Prozesse ohne Prozess gibt und die Bücher gebrand-
markter Autoren wie von Geisterhand aus dem Verkehr gezogen werden?

Nein, eindeutig, die Links-Kultur ist nicht tot:
Sie hat ihrem Diskurs ein neues Ziel gegeben. Sie
wollte eine Welt ohne Unterdrückung; jetzt strebt
sie eine Welt ohne Herrschaft an. Nachdem sie mit
Blake gesagt hatte: »Wer begehrt, aber nicht handelt, brütet die Pest«, schlägt sich die Links-Kultur
jetzt auf diesem Feld des Begehrens auf die Seite der
Schwachen gegen die Starken. Gegen das Tabu
nahm man Partei für den Trieb; jetzt nimmt man
gegen die Ambivalenz der Verführung Partei für das
explizite und aufgeklärte Einvernehmen. Man
kämpfte für unbegrenzte Freiheit; im Namen der sexuellen Gleichberechtigung spürt man nun alle Formen von Unterwerfung und Machtausübung auf.
Dieser Kampf hat seine Berechtigung. Aber er setzt
auch ein neues biblisches Narrativ in die Welt. Auf

das Bild der Frau, die verführt, das »Tor zur Hölle«, wie die Kirchenväter sagten, folgt das Bild des Raubtiers Mann. Den scharlachroten Buchstaben trägt nun ein anderer. Eva ist unschuldig. Sie hat nicht von der verbotenen Frucht gekostet, und sie lebt unter der ständigen Bedrohung durch Adam, diesen Gorilla.

Die Zeit triumphierender Zügellosigkeit ist vorbei. Missbrauch wird nicht mehr geduldet, und niemand wird das beklagen. Doch alle, die sich heute moralisch erheben, erinnern mich unweigerlich an Jesus, der sagt: »Du siehst den Splitter im Auge deines Bruders, bemerkst aber den Balken in deinem eigenen Auge nicht«, oder auch an den schonungslosen Aphorismus von Nicolás Gómez Dávila: »Niemand verachtet die Dummheit von gestern so sehr wie der Dumme von heute.«

Ein letzter Grund, vom hohen Ross zu steigen: In der edlen Absicht, den Augias-Stall auszumisten, zieht man heutzutage den Werken, die Licht auf das Leben werfen, die rohe Gewalt des Erlebten vor, die ungefilterte Wiedergabe, Bücher als Nackenschläge, donnernde Anklagen. Auf diese Weise spielt die Literatur, die lange wesentlich mitbestimmte, wie Frankreich sich selbst sah, eine immer kleinere Rolle in der literarischen Aktualität. Sollte das der Preis sein für die Beseitigung männlicher Vorherrschaft?

Kulturrevolution

JANUAR 2021: Es kommt zu einer neuen Affäre; ein weiterer Mächtiger wird demaskiert; ein weiterer Prominenter sinkt in den Staub; ein neues Buch, das gleichzeitig das Laster des Voyeurismus und die Tugend der Hilfeleistung für Hilfsbedürftige befriedigt, sprengt alle Verkaufsrekorde. In *Die große Familie* enthüllt Camille Kouchner, dass ihr Bruder als Heranwachsender von seinem Stiefvater missbraucht wurde, dem in den Medien *überaus* präsenten Verfassungsrechtler Olivier Duhamel. Als dieser die Anschuldigungen nicht zurückweist, ist die Öffentlichkeit schockiert, entsetzt. Zu Recht. »Ein Mensch hält sich im Zaum«, sagt eines Tages der Vater in Albert Camus' *Der erste Mensch*. Wenn Olivier Duhamel, aus welchem Grund auch immer, sich nicht im Zaum halten wollte oder konnte, ist das unentschuldbar. Unabhängig davon, ob er dabei Macht mit Worten oder mit physischer Gewalt ausgeübt hat, die moralische Autorität, die er gegenüber dem Heranwachsenden innehatte, hätte es

74

ihm verbieten müssen, eine solche Schwelle zu überschreiten.

Gleichzeitig gilt für unsere Epoche, dass die Öffentlichkeit mit geradezu unstillbarem Verlangen
wenigstens einmal pro Vierteljahr ihren M konsu-
miert. Statt sich endlos an der eigenen unerbittlichen
Wachsamkeit zu berauschen, sollte sie sich allmählich fragen, ob sie nicht ihr befremdliches Konsum-
verhalten korrigieren muss. *M – Eine Stadt sucht
einen Mörder* ist, wie erinnerlich, in diesem Film
von Fritz Lang ein Kindermörder, der eine Stadt in
Angst und Schrecken versetzt. Von Berufskriminel-
len, deren Kreise durch die polizeilichen Fahndun-
gen gestört werden, wird er verfolgt, verschleppt
und durch eine Art von Volkstribunal zum Tode
verurteilt, ehe in letzter Minute die Polizei auftaucht, sodass M dem Lynchmord entgeht. Die
Quintessenz dieses genialen Films ist: *Auch die Justiz hält sich im Zaum*, sie beherrscht sich, baut Kon-
trollen ein, hält sich an die Regeln des Rechts. Das
Recht repräsentiert die grandiose zivilisatorische
Anstrengung, die Justiz von Rachedurst freizuhal-
ten. Das Recht kennt die Wahrheit nicht, es will sie
finden, indem es den Einzelfall untersucht und beiden Parteien rechtliches Gehör verschafft. Um beispielsweise vor Gericht herauszufinden, ob es sich
um eine Vergewaltigung oder um einen sexuellen
Übergriff handelt, werden dann sehr differenzierte
Fragen gestellt (insbesondere die nach einem mögli-
chen Einverständnis), man geht ins Detail: Wie alt
war das Opfer zum Zeitpunkt der Vorgänge? Was

genau ist geschehen? Und auch wenn in beiden Fällen Inzest vorliegt, bleibt der Unterschied zwischen Vater und Stiefvater im Blick. Es geht vor Gericht nicht darum, den Erwachsenen aus seiner Verantwortung zu entlassen, sondern darum, am Ende einer ausführlichen und konfrontativen Untersuchung die am ehesten angemessene Strafe auszusprechen. In ihren ersten Gefühlsaufwallungen gerät das Moralempfinden der Öffentlichkeit in Konflikt mit dem Recht, dessen Gewissenhaftigkeit ungeduldig macht, dessen Zwänge einengend wirken, dessen Bemühen um Nuancen zur Verzweiflung bringt, dessen umständliche Sorgfalt empört. Hier öffnet sich die tiefe Kluft zwischen staatlicher Strafjustiz und Volksjustiz. Der praxisbezogene Erkenntnisprozess, das Einbeziehen spezifischer Besonderheiten, ist ein zentrales Element des Strafrechts. In der Volksjustiz gilt Differenzieren als Schwäche; unterscheiden bedeutet in ihren Augen kleinreden; wer ein Geschehen als individuelle Tat betrachtet, paktiert mit dem Bösen. Der Leitsatz aller zivilisierten Rechtssysteme – die Beweispflicht obliegt der Anklage – ist der Volksjustiz verhasst, denn dieses Prinzip beinhaltet, dass die Aussagen der Opfer nicht a priori als im Wortlaut zutreffend übernommen werden. Dabei sind doch die Opfer zwangsläufig im Recht. Ihr Wort muss gelten. Wozu braucht man dann noch Unschuldsvermutung, Beweispflicht, kontradiktorisches Verfahren, Anwälte, wenn nicht nur dafür, Raubtier und Beute auf die gleiche Stufe zu stellen? Die Form selbst der Ge-

richtsbarkeit wird abgelehnt. Michel Foucault
scheute sich nicht, in einem Gespräch mit den französischen Maoisten, veröffentlicht im Juni 1972 in
Les Temps modernes, zu behaupten, dass im Ge-
richtssaal die Volksjustiz staatlich vereinnahmt
wird: »Ist die Errichtung einer neutralen Instanz
zwischen dem Volk und seinen Feinden, einer Instanz, der man zugesteht, zwischen wahr und falsch,
schuldig und unschuldig, gerecht und ungerecht zu
unterscheiden, nicht eine der Volksjustiz entgegen-
gesetzte Form? Ein Vorgehen, das sie in ihrem wirk-
lichen Kampf entwaffnet, zugunsten einer idealen
Rechtsprechung?«

Diese Volksjustiz hatte zur Zeit der Linken keine
Gelegenheit, zum Tragen zu kommen. Heute breitet
sie sich in den sozialen Netzwerken aus im Namen
des Kampfs gegen die Ablehnung von Verboten und
gegen die Duldung von Pädophilie im Geist der
Achtundsechziger. Diejenigen, die mit den Ideen der
Studentenrevolte aufräumen wollen, erhalten gerade
das am Leben, was an ihr am schlechtesten war. Sie
erweitern die Herrschaft des Radikalismus sogar
noch. Erschreckt und angewidert angesichts dessen,
was sie für die grundlegende Unmoral der Generation Babyboom halten, wollen die *Wokes*, die
»Wachsamen« des dritten Jahrtausends, für jede Beleidigung und jedes Leid sensibel sein. Aber ihre
Sensibilität ist abstrakt. Was sie rührt und was sie
aktiviert, das sind nicht Menschen aus Fleisch und
Blut, sondern Entitäten. Voll überströmender Sorge
um das Opfer als solches gehen sie über die realen

Opfer hinweg. Man ist glücklich darüber, dass das Buch von Camille Kouchner all jenen, die einen Inzest erdulden mussten, *die Zunge löst*, und vergisst dabei, dass das Opfer, Camilles Bruder, um den es in *Die große Familie* geht, beschlossen hatte, *sich aus einer schmerzlichen Erfahrung zu lösen*, indem er sich hartnäckig weigerte, die Sache publik zu machen und Anzeige zu erstatten. »Es ist eigentlich ganz einfach, ich will nicht darüber sprechen. Das ist meine Vorstellung davon, wie ich mein Leben gestalten will. Ich stecke meine Kraft in andere Dinge«, erklärte er seiner Schwester. Die allseits herrschende Anteilnahme ignoriert das. Die Vulgär-Psychoanalyse, die sich inzwischen gegen den gesunden Menschenverstand durchgesetzt hat, erklärt die Weigerung, im Trauma gefangen zu bleiben, zum Symptom eben dieses Zustands. Und da es für einen Prozess zu spät ist, setzt man umso mehr daran, die wenigen Freunde von Olivier Duhamel aufzuspüren, die von der Sache wussten und nichts gesagt haben. Der Missetäter kann nicht mehr belangt werden, also muss man dafür sorgen, dass um seine Person herum ein Vakuum entsteht, damit sein restliches Leben, um Tocqueville zu zitieren, schlimmer ist als der Tod.

In normalen Zeiten stehen uns zwei Mittel zur Verfügung, um zu verhindern, dass das Besondere im Allgemeinen untergeht: die Literatur und das Recht. Die Beachtung von Unterschieden und die Weigerung, pauschalisierend zu denken – charakteristisch sowohl für die juristische als auch für die literarische Betrachtung des menschlichen Lebens –, bewahren uns vor ideologischem Denken. In revolutionären Zeiten aber gehen Menschlichkeit und Scharfblick solcher Art in der Flut der mitleidlosen Anteilnahme unter, und weil die Erregung auch die Institutionen erfasst, beschließt man überstürzt Gesetze, die die Strafjustiz in den Dienst der Volksjustiz stellt. Die Erstere lässt zu, dass sie von Letzterer nicht mehr respektiert wird, sie lässt sich zwingen, ihr Gefolgschaft zu leisten. Um den Zorn des Volkes zu besänftigen, geht die Staatsanwaltschaft sogar so weit, ihre eigenen Regeln über den Haufen zu werfen, und leitet Ermittlungen zu verjährten Taten ein. Wie mir eine begeisterte Journalistin anvertraute: Wir erleben eine Kulturrevolution.

Das war im Wesentlichen, was ich am 11. Januar 2021 im Programm des Fernsehsenders gesagt hatte, in dem ich seit September 2020 eine wöchentliche Sendung bestritt. Am gleichen Abend zirkulierten im Netz einzelne, sorgfältig aus dem Zusammenhang gerissene Auszüge aus meinen Beiträgen. Sogleich brachten Internetsurfer ihre Ablehnung mit jenem Zartgefühl zum Ausdruck, die das Markenzeichen der neuen Zeit ist: »Der und seine Mutter, diese Schlampe, die ihn mit dem Arsch zur Welt gebracht hat: Finkielkraut«; »Ich schlage vor, wir tun uns zusammen und verbrennen diesen Müllsack Finkielkraut«, »Höchste Zeit, dass sich Covid-19 um diesen Scheißkerl kümmert«, usw., usf. Mittags am folgenden Tag beschloss der TV-Kanal, der für meine Sendung den Titel *Alain Finkielkraut en liberté* (Alain Finkielkraut in aller Freiheit) gewählt hatte, diese einzustellen und mich vor die Tür zu setzen. Mit meinem Versuch, die Justiz in den Schoß des Rechts zurückzuholen, hatte ich die Opfer beleidigt und die Moral mit Füßen getreten. Die Kulturrevolution ist in vollem Gange.

Philip Roth:
Das rechte Wort

Hier, wo der Mensch palavert und wehklagt,
Der graue Schopf, erbärmlich dünn, sich neigt,
Wo Jugend bleich und geisterhaft verdirbt,
Wo Denken heißt: sich sorgen.

Diese großartigen Verse von John Keats sind als Motto Philip Roths Roman *Jedermann* vorange-stellt. Es ist der Roman eines Sterblichen, unser aller Geschichte, und seinen Vornamen werden wir deswegen im ganzen Roman nicht erfahren. In Philip Roths Werk ist die ständige Auseinandersetzung mit dem Altern und dem Tod mindestens ebenso präsent wie der Sex. Der Tod ist unausweichlich, absurd, universell, so schrecklich wie banal, und inzwischen auch ohne Aussicht auf ein schöneres Jenseits. »Der Tod ist von Gott und hat seinen Vater gefressen«, sagt Elias Canetti. Und Gershom Scholem: »Wo einst ›Gott‹ stand, steht jetzt Melancholie.« Zur

Melancholie würde ich hinzufügen: Schrecken und ohnmächtige Revolte. Philip Roth hat diesen trostlosen Bezirk ausgemessen. Und seit dem 22. Mai 2018 gilt für ihn wie für *Jedermann:* »Er war nicht mehr, befreit vom Sein, ging er ins Nichts, ohne es auch nur zu merken. Wie er befürchtet hatte von Anbeginn.«

Wer das Glück hatte, Philip Roth zu kennen, und auch die, die ihn nicht kannten, deren Leben er aber mit seinen Büchern jahrelang begleitet hatte, trauern nun. Wir liebten nicht unbedingt die Welt, in der wir leben, doch wir waren glücklich und sogar stolz, in einer Welt zu leben, in der es einen Philip Roth gab. Als seine Zeitgenossen fühlten wir uns privilegiert und fanden darin einen gewissen Trost. Gewiss, sein Werk ist noch da, Achtung gebietend und vollendet, und es wird nicht untergehen. Solange es Leser gibt, wird man es lesen. Dennoch wollen viele von uns sich nicht damit zufriedengeben, von ihm in der Vergangenheit zu sprechen. Er ist in der Bibliothek, und er weilt nicht mehr unter uns: Das ist schmerzhaft, denn seine Präsenz auf dieser Welt bereicherte unser Leben.

Wenn ich von »uns« spreche, bedeutet das allerdings nicht alle. Die Würdigung, die er jetzt erfährt, sollte uns nicht täuschen. Diese Einmütigkeit hat weniger mit Bewunderung zu tun als mit Vereinnahmung. Roth ist ein erklärter Feind von vielen, die ihn jetzt beweihräuchern. Coleman Silk, die Hauptfigur in *Der menschliche Makel*, unterrichtet Altphilologie am Athena College. Eines Tages sucht

Elena Mitnik, eine Studentin, Delphine Roux auf, Leiterin des Fachbereichs für Sprache und Literatur und begeisterte Verfechterin des Poststrukturalismus. Miss Mitnik will sich über die Euripides-Dramen beschweren, die Coleman Silk in die Leseliste seines Seminars über die griechische Tragödie aufgenommen hat. Sie empfindet diese Stücke nämlich als »für Frauen erniedrigend«. Daraufhin bittet Delphine Roux ihren Kollegen zu sich ins Büro, um das Problem zu regeln. Natürlich ist eine Verständigung unmöglich, und Coleman Silk explodiert: »Meine Liebe, ich habe diese Dramen mein Leben lang gelesen und studiert.« Delphine Roux: »Aber nie aus Elenas feministischer Perspektive.« Coleman Silk: »Auch nicht aus Moses' jüdischer Perspektive. Nicht mal aus der modernen Nietzsche'schen Perspektive der Perspektive.« Ein paar Wochen nach diesem Zusammenstoß kommt es zu der »Affäre«. Silk stellt in der sechsten Sitzung seines Seminars fest, dass zwei eingeschriebene Personen noch nie erschienen sind, und fragt in die Runde, ob jemand diese Gestalten kenne, oder ob es sich vielleicht gar nicht um Lebende handle, sondern um *Spooks*, Gespenster. Nun hat das Wort *spook* neben dieser gewöhnlichen Bedeutung auch eine sehr seltene Nebenbedeutung, als abwertende Bezeichnung für Schwarze. Es stellt sich heraus, dass die beiden betreffenden Personen tatsächlich afroamerikanisch sind und sich auch prompt beschweren. Coleman Silk wird des Rassismus beschuldigt, seine Karriere endet abrupt, und – Ironie der Geschichte – wir erfahren später, dass Coleman selbst ein Farbiger ist, der jedoch diese Identität, weil sie ihm nicht anzusehen ist, abgelegt hat, um nur noch für sich selbst zu stehen. Seine helle Hautfarbe hat ihm ermöglicht, nicht etwa seine ethnische Zugehörigkeit zu ändern, sondern Zugehörigkeit überhaupt zu verweigern, in der ersten Person zu sprechen und zu leben.

Das war 1998. Seitdem hat sich die Lage deutlich verschlechtert. Elena Mitnik hat sich an den amerikanischen Universitäten durchgesetzt. Kein »Ich« hält mehr stand. Mit Argusaugen beobachten die Studenten ihre Professoren, die eine *Triggerwarnung* aussprechen müssen, sobald sie Euripides oder jeden anderen Autor lesen wollen, der die Gefühle von Frauen oder die von Farbigen, amerikanischen Ureinwohnern, Muslimen und von all denen verletzen könnte, die man mit dem anmutigen Wortgebilde LGBTQIA+ bezeichnet. Die heteronormativen männlichen Weißen müssen sich einfach anständig benehmen. Und diese Entwicklung in den Vereinigten Staaten greift über die Landesgrenzen hinaus. Das politisch Korrekte hat sich globalisiert und die Campus-Mauern überwunden, wie der französische Präsident kürzlich bezeugt hat. Nachdem ihm Jean Louis Borloo einen unter seiner Leitung erarbeiteten Stadtentwicklungsplan für die Problemviertel übergeben hatte, erklärte Macron bei der Vorstellung der von ihm geplanten Maßnahmen öffentlich und sehr amerikanisch: »Es ergibt keinen Sinn, dass unter zwei weißen Männern, die nicht selbst in den betreffenden Vierteln wohnen, ein Abschlussbericht ausgetauscht wird, und der eine dann sagt, ›Man hat mir einen Plan ausgehändigt, ich habe ihn gelesen.‹ Das geht nicht, so funktioniert das nicht.« Es reicht nicht, Philip Roth zu feiern, man muss auch bereit sein, sich von ihm lesen zu lassen. Unsere Zeit ist sich ihrer kritischen Tugenden zu gewiss und zu stolz, sich einer prüfenden Befragung auszusetzen. Also verneigt man sich vor dem großartigen Verstorbenen, aber was er geschrieben hat, ist ohne Bedeutung. *Der menschliche Makel* benennt die Dinge, und doch nehmen sie unbeirrt ihren Lauf. Der Schriftsteller bellt, die Karawane zieht weiter.

In Schweden übt Elena Mitnik ungeteilt ihre Macht aus. Sie stößt auf keinen Widerstand, mühelos bringt sie die Gesellschaft zum Gleichschritt. Ihren Wünschen entspricht das Komitee für den Literaturnobelpreis, wenn die Juroren Jahr für Jahr die beiden größten Schriftsteller der Gegenwart, Philip Roth und Milan Kundera, durchfallen lassen, denn das hieße ja ein verheerendes Signal an die junge Generation aussenden, wenn man mit ihnen die männliche Sicht auf die Welt und die Literatur auszeichnete. Durch ihren sittenstrengen Starrsinn hat sich die Schwedische Akademie für immer diskreditiert.

In den Romanen von Philip Roth nehmen der innere Aufruhr und die Sexualität einen wichtigen Platz ein, doch wenn Roth von Sex spricht, spielt die Komik immer eine Rolle. Das trifft besonders auf *Portnoys Beschwerden* zu. Die Hervorhebung des komischen Elements dieser entscheidenden Erfahrung hat Roth mit Milan Kundera, dem Autor von *Das Buch der lächerlichen Liebe*, gemeinsam, dem Roth übrigens seinen Roman *Der Ghostwriter* gewidmet hat. Der Vorwurf der Frauenfeindlichkeit bekundet die Dummheit unserer literaturfernen Zeit. In *Mein Leben als Mann* hat Roth eine Frau als Monster geschildert. Die scharfsinnigen Kritiker haben daraus geschlossen, dass für ihn alle Frauen Monster seien, obwohl sein Werk reich ist an wundervollen, feinfühligen oder herzzerreißenden Frauengestalten.

Die politische Korrektheit ist die gigantische Bemühung, das krumme Holz, aus dem der Mensch gemacht ist, gerade zu biegen. Der Makel, sagt Faunia Farley als weibliche Stimme Philip Roths, »ist in jedem. Eingeboren. Verwurzelt. Bestimmend. [...] Darum sind all diese Reinigungen ein Witz. Noch dazu ein barbarischer. Die Fantasie der Reinheit ist ekelhaft. Sie ist verrückt. Was ist denn das Streben nach Reinheit anderes als eine weitere Unreinheit?« Diese Fantasie steht hinter dem »persecuting spirit«, dem »Geist der Brandmarkung«, dem Coleman Silk zum Opfer fällt, doch hat dieser Mensch, dem unsere uneingeschränkte Zuneigung gilt, nicht selbst versucht, den Makel seiner Geburt zu verheimlichen? Er versucht, sich von seiner Herkunft zu reinigen, und auf der letzten Seite von *Gegenleben* wird dieses Bemühen aus umgekehrter Sicht geschildert: »Die Beschneidung«, sagt Zuckerman, »macht es so klar wie nur möglich, dass du hier bist und nicht dort, dass du draußen bist und nicht drinnen – auch dass du mein bist und nicht ihnen gehörst. Es führt kein Weg drum herum: Du trittst in die Geschichte ein durch meine Geschichte und mich. Die Beschneidung ist alles das, was die Idylle nicht ist, und unterstreicht für mich, worum es in der Welt geht, und das ist nicht kampflose Einheit.«

Ich würde Philip Roth nicht – wie Marc Weitzmann – als »antiidentitären Juden« charakterisieren. Die Identität ist paradoxerweise der Teil meines Selbst, der nicht mein ist, sondern das *Wir* im *Ich*, die Genealogie im Individuum, ein Band, das mich festhält wie ein Strick am Bein. Roth denkt, spricht und lebt wie Coleman Silk *als Ich*, aber anders als dieser hatte er nie das Bedürfnis, das Band zu zerreißen. Er wollte es analysieren, und seine Analyse macht ihn in der Weltliteratur zum genialsten Schöpfer der Figur des Sohns. Alexander Portnoy ist ein Sohn, Nathan Zuckerman ist ein Sohn, David Kepesh ist ein Sohn, Marcus Messner, die Hauptfigur in *Empörung*, ist der geliebte Sohn eines Vaters, der in paranoischer Sorge um ihn lebt, Seymour Levov, der »Schwede« in *Amerikanisches Idyll*, ist ein vom Schicksal heimgesuchter Vater, aber auch der Sohn des außergewöhnlichen Lou Levov. In *Mein Leben als Sohn* betrachtet Roth seine eigene Beziehung zum Vater; und in *Verschwörung gegen Amerika* rückt er seine eigene, reale Familie ins Zentrum einer Geschichte, die nicht real geworden ist – die Wahl von Charles Lindbergh, dem Fliegerhelden, der mit dem Naziregime sympathisierte, zum Präsidenten der Vereinigten Staaten im Jahre

1940. Der Tod in Philip Roths Romanen ist zuallererst der Tod der Eltern und mit ihnen das Ende einer Welt, eines Lebensstils, einer Art zu sein und Jude zu sein, beunruhigt, hartnäckig, fordernd, ermüdend, überempfindlich, einzigartig. Seine Figuren sind anders als die anderen, vielleicht erst recht anders als ihre Vorfahren und ihre Eltern. Zwischen den Generationen tut sich eine Kluft auf. Philip Roth verflucht zum Beispiel die für seine Eltern und ihre Generation selbstverständliche Monogamie und Treue, aber er ist gleichzeitig ihr Erbe: Alle Väter in seinem Werk sind Handwerker oder Kaufleute. Auch wenn er selbst kein Handschuh- oder Uhrmacher, weder Metzger noch Juwelier ist, so hat er sich doch in diese Tradition eingeschrieben, als er seine Gespräche mit Schriftstellerkollegen unter dem Titel *Shop Talk* veröffentlichte.

Philip Roth ist also kein antiidentitärer Jude, ebenso wenig ist er Repräsentant oder Verteidiger der Seinen. Nie hat er sich von dem *Wir*, aus dem er stammt, in Beschlag nehmen lassen. Wenn er dem Band zwischen den Generationen nachspürt oder mit unstillbarer Neugier herausfinden will, was einen Juden zum Juden macht, lässt er nie die Absicht spüren, einer Parallelgesellschaft das Wort reden zu wollen. Er betrachtet es nicht als seine Aufgabe, den Antisemitismus zu bekämpfen, indem er die Juden im besten Licht zeigt. Sein Bemühen gilt der Genauigkeit, nicht dem Beispielhaften. Von Anfang an hat man ihm vorgeworfen, sein Volk zu verraten, den Antisemiten in die Hände zu spielen oder gar, nach

Meinung einiger Rabbiner, selbst in den Antisemitismus abzuleiten. Für den großen Gelehrten Gershom Scholem war *Portnoys Beschwerden* ein noch schädlicheres Buch als *Die Protokolle der Weisen von Zion.* Roth war zunächst versucht, in die Offensive zu gehen, indem er seinen Kritikern Punkt für Punkt widersprochen hätte, doch entschloss er sich letztlich dazu, die Auseinandersetzung in Form des Romans zu führen. So wurde Nathan Zuckerman ins Leben gerufen. Die erste Kurzgeschichte, die dieser schreibt, schockiert seinen Vater, weil sich einzelne jüdische Personen darin verwerflich oder lächerlich verhalten. Die Geschichte hat ihn die Angst gelehrt, und er glaubt, dass man nichts sagen dürfe, was die Vorurteile der Nichtjuden stützen könnte. Um seinen leidenschaftlich überzeugten Sohn zur Vernunft zu bringen, übergibt er den Text dem in der jüdischen Gemeinde von Newark angesehenen Richter Wapter. Nach reiflicher Überlegung empfiehlt dieser Nathan Zuckerman, sich am Broadway eine Theaterfassung von Anne Franks *Tagebuch* anzuschauen und übermittelt ihm zehn Fragen. Ein paar Beispiele: »Wenn Sie in den Dreißigerjahren in Nazideutschland gelebt hätten, würden Sie dann eine solche Story geschrieben haben?« – »Würden Sie behaupten, dass die Charaktere in Ihrer Story eine faire Auswahl jener Art von Menschen darstellen, die eine typische zeitgenössische jüdische Gemeinde ausmachen?« – »Was in Ihrem Charakter bringt Sie dazu, so viel vom Hässlichen im menschlichen Leben mit Juden in Verbindung zu bringen?«

Und zum Schluss, der Gnadenstoß: »Können Sie ehrlich sagen, dass es in Ihrer Story irgendetwas gibt, was nicht Wasser auf die Mühlen eines Julius Streicher oder eines Joseph Goebbels wäre?«

Der angehende Schriftsteller lässt den Brief des Richters unbeantwortet. Nicht einmal, um sich für unschuldig zu erklären, ist er bereit, die Rolle des Angeklagten zu akzeptieren. Dass er schweigt, beunruhigt seine Mutter, der nur die Versöhnung am Herzen liegt. Nathan will wissen, ob sie den Fragebogen gelesen habe, den er ausfüllen sollte. »Die großen Drei, Mama! Streicher, Goebbels und dein Sohn!« Zur Erklärung erinnert die Mutter an das, was man den Juden angetan habe und was wieder geschehen könne. Darauf erwidert ihr Sohn voller Zorn: »Wenn du sehen willst, wie den Juden von Newark körperliche Gewalt angetan wird, dann geh in die Praxis des Schönheitschirurgen, wo die Frauen sich die Nasen richten lassen. Das ist der Ort, wo im Essex County das jüdische Blut fließt ...« Wenn ich diesen Roman nicht gelesen hätte, dann hätte ich möglicherweise der Vorstellung vom *Eingebildeten Juden*, mit der ich mich damals befasste, keine Form verliehen.

In seiner bewegten Laufbahn als Schriftsteller ist Philip Roth immer wieder mit denen aneinandergeraten, die den Roman vor ihren Karren spannen wollten, ob für politische Zwecke oder für die Ziele bestimmter Gemeinschaften. Dem hat sich Roth stets verweigert. Er hat keinem Angriff und keinem Druck nachgegeben. Umgekehrt ist er auch nie der

Versuchung erlegen, seinerseits zu argumentieren und Meinungen zu verkünden. Er hat seinen Platz an anderer Stelle gesehen und seine Antworten im Bereich der Literatur gegeben. In *Mein Mann, der Kommunist* gibt der Student Nathan Zuckerman seinem kaum älteren Literaturprofessor *Torquemadas Handlanger* zu lesen, das Theaterstück, das er gerade über die McCarthy-Ära geschrieben hat. Der Professor reagiert heftig: »Kunst als Waffe?« [...] »Kunst als Einnehmen des richtigen *Standpunkts* zu allem und jedem? Kunst als Advokat des Guten? Von wem haben Sie das? Wer hat Ihnen gesagt, dass Kunst Propaganda ist? Wer hat Ihnen gesagt, dass Kunst im Dienst *des Volkes* steht? Kunst steht im Dienst der Kunst – alles andere ist keinerlei Beachtung wert.« Wer ein Theaterstück oder einen Roman schreibt, schreibt nicht für die Sache der Minderheiten, nicht für die der Frauen, der Juden, der Arbeiter oder der Farbigen. Alles sehr ehrenwert, aber solche Dinge sind ihrem Wesen nach verallgemeinernd. Die Literatur befasst sich nur mit dem individuellen Fall. »Sich dem Kampf stellen, heißt, in einer vereinfachenden, verallgemeinernden Welt das Besondere am Leben erhalten zu wollen.« Und von Leo Glucksman stammt der Satz, den sich viele gemerkt haben werden: »Das Leid verallgemeinern: Da haben wir Kommunismus. Das Leid differenziert darstellen: Da haben wir Literatur.« Der Kommunismus ist tot, aber das Verallgemeinern ist allgegenwärtig, während die Literatur eine Niederlage nach der anderen hinnehmen muss. »Sie wollen für eine aussichtslose Sache kämpfen?«, sagt sein Lehrer dann zu Nathan Zuckerman. »Dann kämpfen Sie für das *Wort*.« Die Gerechtigkeit des Schriftstellers beruht nämlich auf dem rechten Wort. Allerdings ist das Wort, das wir bei den heutigen Romanautoren lesen und das zunehmend auch die Theaterwelt inspiriert, eben nicht das rechte Wort, sondern »das hochtrabende Wort, [...] das Wort, das pro oder kontra ist, [...] mit dem sie sich dem ehrbaren Bürger als herrlicher, bewundernswerter, anteilnehmender Mensch darstellen, der für die Unterdrückten und Ausgebeuteten eintritt«.

Nachdem ich nun versucht habe zu sagen, was ich Philip Roth schulde und wofür ich ihm dankbar bin, möchte ich Henry James zu Wort kommen lassen. Wer in Philip Roth den ungehemmten Pornografen verehrt oder verabscheut, weiß nicht, dass James eine seiner Leitfiguren ist. E. Lonoff, der Autor, dem Nathan Zuckerman einen Besuch abstattet, hat über seinem Schreibtisch das folgende Zitat von James hängen: »Wir arbeiten im Dunkeln – wir tun, was wir können –, wir geben, was wir haben. Unser Zweifel ist unsere Leidenschaft, und die Leidenschaft ist unsere Aufgabe. Der Rest ist der Wahnsinn der Kunst.« Es gibt keinen passenderen Grabspruch für Philip Roth als diese wunderbaren, hintergründigen Sätze.

III Die Zeit der Schlafwandler

VON DEN MENSCHEN früherer Zeiten unterscheidet uns, dass wir Zuschauer geworden sind. Wir schauen Ereignissen zu, von denen unsere Vorgänger durch mündliche Berichte oder die Lektüre erfuhren. Dieses »Wir« kennt keine Ausnahme mehr: Ganz gleich, wo wir leben, mit dem Bildschirm sitzen wir stets in der ersten Reihe. Es gibt keine Video-Analphabeten. Das Bild von George Floyd, dem am 25. Mai 2020 von einem Polizisten in Minneapolis gezielt die Luft abgedrückt wurde, ist um die ganze Welt gegangen, ein unerträgliches Bild. »Ich kann nicht atmen«, keuchte der Farbige, während ihm sein Peiniger ungerührt und sogar lächelnd das Knie auf den Hals drückte, bis er starb. Die Amerikaner, die danach spontan auf die Straße gegangen sind, um ihre Empörung kundzutun, verstehe ich umso besser, als der Mord an George Floyd nicht der erste seiner Art war. Vor einigen Jahren veröffentlichte der einflussreiche afroamerikanische Journalist und Buchautor Ta-Nehisi Coates einen Brief an seinen Sohn, auf Französisch erschienen unter dem Titel *Une colère noire* (»Schwarze Wut«, deutsch: *Zwischen mir und der Welt*). Darin schrieb er: »Die Polizeireviere deines Landes [sind] mit der

Befugnis ausgestattet, deinen Körper zu zerstören. [...] Und Zerstörung ist auch nur die Steigerung einer Herrschaft, die Filzen, Festnehmen, Schlagen und Demütigen vorsieht. All das ist normal für Schwarze.«

Man ist stark versucht, aus diesem Bild, das sich in unser Gedächtnis eingebrannt hat, auf das Wesen Amerikas zu schließen. Ich glaube jedoch, dass wir uns davor hüten müssen. Sehen heißt nämlich nicht wissen. Selbst wenn es wie wahr erscheint, zeigt das Sichtbare nicht die ganze Wahrheit. Die Emotion muss die Reflexion anregen, doch die Erkenntnis kann sie nicht ersetzen. Denn es gibt Zahlen: Seit dem 1. Januar 2015 sind laut Datenbank der *Washington Post* doppelt so viele Weiße (2416) von der Polizei getötet worden wie Schwarze (1213). Gewiss, die Zeitung *Libération* weist zu Recht darauf hin, dass das Verhältnis sich umkehrt, wenn man den jeweiligen Bevölkerungsanteil berücksichtigt. Doch in diesem Land, in dem die Polizisten den Finger schon deswegen schnell am Abzug haben, weil so viele Bürger bewaffnet sind, kann man nicht vom »systembedingten« oder »strukturellen« Rassismus der Ordnungskräfte sprechen.

Auch ein Blick in die Geschichte ist hilfreich: Man denke an den Sezessionskrieg, der die Sklaverei beendete; die Abschaffung der Rassentrennung durch die Bürgerrechtsbewegung; die *affirmative action* – oder positive beziehungsweise umgekehrte Diskriminierung –, die an den Universitäten eingeführt wurde, um die formale Gleichberechtigung durchzusetzen, und auch für Präsident Barack Obama mit seinen zwei Amtszeiten galt. Und es gab, nach dem Tod von George Floyd, auch andere Bilder, zum Beispiel wie der afroamerikanische Bürgermeister von Houston die Beisetzung von George Floyd in seiner Stadt ankündigt, oder wie der afroamerikanische Bürgermeister von Atlanta die Randalierer, die eine Protestkundgebung durch die Plünderung von Geschäften mit Bekleidungs- und Elektronikwaren diskreditierten, mit scharfen Worten zur Ordnung ruft. An der Verwaltungsspitze zweier ehemaliger Bastionen der Rassentrennung stehen heute farbige Amtsinhaber. Und daneben existiert das unverzichtbare Zeugnis der Literatur. Philip Roth zeigt in *Der menschliche Makel*, wie es in den USA nicht mehr der Rassismus ist, durch den man den Ruf eines Menschen ruinieren und Berufskarrieren zerstören kann, sondern der Antirassismus. Coleman Silks ahnungslose Verwendung des Wortes *spooks* für die bis dahin in seinem Seminar durch Abwesenheit glänzenden Studenten und die verhängnisvollen Konsequenzen daraus sind nicht etwa der fruchtbaren Fantasie des Romanautors entsprungen. Diese Erfahrung hat einer seiner engen Freunde tatsächlich gemacht, Melvin Tumin, der in Princeton Soziologie der Rassenbeziehungen lehrte.

Ta-Nehisi Coates schreibt außerdem: »Die Zerstörer sind [...] schlicht Menschen, die die Launen unseres Landes umsetzen, die sein Erbe und sein Vermächtnis richtig deuten, bis heute.« So verständlich diese Formulierung ist, man darf Coates in seiner »schwarzen Wut« nicht beim Wort nehmen. 2008 forderten Pädagogikdozenten der Universitäten von Stanford und Maryland 2000 Schüler aus den Abschlussjahren an Highschools auf, die zehn wichtigsten Amerikaner zu nennen, die nicht Präsidenten waren. Drei Klassiker von »Black History Month«, der jährlichen Erinnerungswoche zur Sichtbarmachung afroamerikanischer Geschichte, wurden an erster, zweiter und dritter Stelle aufgeführt – Martin Luther King, Rosa Parks (die den Anstoß zur Bürgerrechtsbewegung gab, als sie sich auf einen für Weiße reservierten Platz im Bus setzte) und Harriet Tubman (genannt der weibliche »Moses«, Vorkämpferin des Abolitionismus, selbst 1849 der Sklaverei entkommen und prominenteste Fluchthelferin des *Underground Railway*, der zahlreichen Sklaven half, in die Nordstaaten zu fliehen) –, weit vor Benjamin Franklin, Emily Dickinson, Mark Twain oder Thomas Edison. Diese Schüler waren keine Rebellen, sie übernahmen einfach die Ansicht einer Mehrheit. Nach dem Mord an George Floyd stellten die multinationalen Unternehmen sich ausnahmslos hinter die Bewegung *Black Lives Matter*. Aufgrund der Bürgerrechtsgesetze drohen jedem Unternehmen Geldbußen oder strafrechtliche Folgen, wenn es »ein feindseliges Umfeld« für seine Mitarbeiter schafft, die Minderheiten angehören. Die großen Firmen der Neuen Welt verfügen daher über Personalabteilungen, die auf Rassenkonflikte so reagieren sollen, dass entsprechende rechtliche Konsequenzen ausgeschlossen sind. Von Nike bis

Apple, von Gillette bis zu Coca-Cola versuchen die bekanntesten Unternehmen, sich gegenseitig in der Förderung von Diversität zu übertreffen, und das möglichst publikumswirksam, denn die öffentliche Meinung, weit entfernt davon, an diesem Engagement Anstoß zu nehmen, unterstützt es in ihrer großen Mehrheit: Sie sieht darin einen zusätzlichen Grund, das jeweilige Produkt zu kaufen.

Die wirtschaftlichen Ungleichheiten sind nach wie vor erheblich in diesem Land, das sich gern als das der unbegrenzten Möglichkeiten darstellt, und es sind die Kinder der Farbigen, die die Zeche für den Zusammenbruch des öffentlichen Bildungswesens zahlen müssen. Doch an den Universitäten, in der Presse, in der Verwaltung, im öffentlichen Raum, in Hollywood regiert der Antirassismus, und er hat seinen Aktionsradius erheblich ausgeweitet. Lange Zeit hatten sich die Antirassisten auf die »Bösen« als Feindbild beschränkt, jetzt konzentrieren sie sich darauf, die »Guten« zu demaskieren. Nachdem sie den Hass angeprangert haben, nehmen sie nun die Wohlmeinenden ins Visier. Die Ausschreitungen einer verrückten Minderheit beunruhigen sie sogar weniger als das unabsichtliche Fehlverhalten einer gutwilligen Mehrheit. Sie attackieren nicht mehr nur die eingeschworenen Rassisten, jetzt werden die ehrgeizigen Fortschrittlichen, die erklärten Antirassisten, zur Rechenschaft gezogen, all jene, die ihre Tugend zur Schau stellen, während sie doch ungestraft von allen Privilegien der Vorherrschaft ihrer Ethnie profitieren. »Einzelne Weiße mögen zwar ›gegen‹ Rassismus sein, profitieren aber dennoch von einem System, dass Weiße als Gruppe privilegiert«, schreibt Robin DiAngelo, Dozentin für Diversität (*sic*). Und sie setzt noch ein Tüpfelchen auf das i: »[...] eine positive weiße Identität ist etwas Unmögliches. Weiße Identität ist inhärent rassistisch. Es gibt keinen Weißen außerhalb des Systems weißer Suprematie.« Sie glauben, selbst zu handeln und zu denken, anders gesagt, sie sind stolz auf ihre Unabhängigkeit, doch die ist trügerisch, eine schöne Illusion. Sie tun nicht, was sie wollen, sie tun unwissentlich, was ihre Zugehörigkeit, das heißt ihr Privileg, ihnen erlaubt. Die Unterdrückung ist ihr atavistisches Merkmal. Faschisten oder Humanisten, ihr Rassismus ist – in der Vorstellung derer, die an die biologische Ungleichheit menschlicher Gemeinschaften glauben – so untrennbar mit ihnen verbunden wie seine Rasse mit dem Schwarzen oder dem Juden. Robin DiAngelo fordert uns auf, »›weniger weiß‹ zu sein, das heißt, im Hinblick auf die ›Rasse‹ weniger unterdrückerisch zu sein.« Die Journalisten der *New York Times* haben auf diese Forderung reagiert und beschlossen, in Zukunft *Schwarz* immer mit großem Anfangsbuchstaben zu schreiben, um eine gemeinsame Geschichte und Identität zu würdigen, und *weiß* klein, um die Weißen in ihre Schranken zu weisen. Ein lobenswertes Unterfangen, doch es wird nicht reichen. So kann man, auch wenn man sich ganz klein macht, das Unrecht nicht verschwinden lassen. Das *Weißsein* ist keine Entscheidung, sondern Schicksal; es ist kein Glaube, dem man abschwören kann, kein Vorurteil, das sich im Licht der Aufklärung auflöst, es ist eine elementare Schuld, ein innerer Feind, den wir unermüdlich bekämpfen müssen, ohne darauf hoffen zu können, ihn je zu besiegen.

Die Geburt bestimmt das Sein, das Individuum ist bloße Emanation der Gruppe, das Weißsein ist stärker als die Freiheit, es ist nicht möglich, dieses Erbe auszuschlagen, kurz, der *Rassismus als Rasse* – das also ist der große Theoriebeitrag des Konzepts vom weißen Privileg. Und man entgeht ihm nicht. Das Whitney Museum in New York war kürzlich davon ausgegangen, ein Gemälde von Dana Schutz ausstellen zu dürfen, das den schrecklich zugerichteten Körper von Emmett Till darstellte, einem jugendlichen Schwarzen, der 1955 beschuldigt worden war, eine Weiße verführt zu haben, und der dann gelyncht wurde. Die offenkundig gut gemeinte Initiative war ein Stich ins Wespennest. Das Bild wurde als »kulturelle Aneignung« aufgefasst, als frevelhafter Übergriff einer weißen Künstlerin auf das Opfer eines der Ihren. Die Filmemacherin Kathryn Bigelow war ähnlichen Angriffen ausgesetzt, weil sie es gewagt hatte, einen Film über die Unruhen von 1967 in Detroit zu drehen. Ihr tiefes Mitgefühl gegenüber den Aufrührern zählte da wenig, sie hatte etwas Unverzeihliches getan: Sie hatte den berechtigten Inhabern des Zorns ihren Zorn geraubt. »Hände weg!«, gab man den beiden Künstlerinnen zu verstehen. »Geht nach Hause, ihr habt hier nichts zu suchen, unser Leiden vererbt sich, aber man kann nicht daran teilhaben. Unsere Geschichte ist für euch unerreichbar, unsere Kultur ist unser Gut, über das wir eifersüchtig wachen.«

Dem kanadischen Romanautor Hal Niedzviecki ist das Gleiche widerfahren. Er stellte fest, dass die Literatur seines Landes »zu weiß und zu *middle class*« sei und verfasste daher einen Beitrag für die Zeitschrift des kanadischen Schriftstellerverbands, in dem er seine Kollegen dazu aufrief, sich mit dem Leben von »Menschen auseinanderzusetzen, die nicht so sind wie sie, die nicht so aufgewachsen sind wie sie«. Das wurde als neokolonialistische Attacke aufgefasst, der Artikel löste einen Aufschrei der Empörung aus. Angesichts der wütenden Reaktionen in den sozialen Netzwerken traten Niedviecki und die Verbandszeitschrift den Rückzug an und entschuldigten sich.

Philip Roth befasste sich bereits an der Schwelle zum 21. Jahrhundert in *Der menschliche Makel* mit der Katastrophe des Antirassismus. Das Thema wurde diskutiert, doch damals hätte man dem Autor noch nicht den Prozess gemacht, weil ihm die entsprechende Legitimität fehle. Wenn das Buch heute erschiene, würde ihm die »aufgeklärte« Öffentlichkeit eine ganz andere Behandlung angedeihen lassen. In den Hörsälen von Yale, Harvard oder Berkeley ebenso wie in den Artikeln der politisch korrekten Presse würde man Philip Roth scharf ins Gebet nehmen und ihm vorwerfen, dass er *zu weit gegangen* sei, indem er sich das Recht herausnahm, die Geschichte eines afroamerikanischen Universitätsprofessors zu erdenken und zu erzählen. »How dare you!«, würden die Kritiker ausrufen. So wie man die Kultur gegenwärtig versteht, ist die Herrschaft der Identität über das Denken erdrückend, nicht die geringste Ausnahme ist zulässig. Kein Autor ist berechtigt, sich darüber hinwegzusetzen und mittels seiner Vorstellungskraft in ein anderes Leben als das eigene einzudringen. Die Identität weicht ihm nicht von der Seite. Sie ist seine Muse, inspiriert ihn und hält ihm die Feder, selbst wenn er meint, alles hinter sich zu lassen.

Der Multikulturalismus ist also, anders als es scheinen mag, keine heilsame Bereicherung des kulturellen Erbes. Die Kultur öffnet sich in diesem neuen Rahmen nicht für ferne und verkannte Kunstwerke. Sie verändert unmerklich ihre eigene Bedeutung, ist nicht mehr Auseinandersetzung mit dem Sein, sondern wird zum Ausweis der Identität, zum Ausdruck von Gruppenzugehörigkeit. Ob repressiver Weißer oder Angehöriger einer unterdrückten Minderheit, jeder ist und bleibt in seinem Lager: Die Gedanken mögen noch so weit schweifen, die Werke noch so einzigartig sein, immer sind sie nur Zeugen dieser Zugehörigkeit. Der Multikulturalismus beraubt die Kunst der Möglichkeit, Grenzen zu überschreiten, und beansprucht nun global den Platz der *Weltliteratur*, deren Herrschaft Goethe vor gut 200 Jahren angekündigt hatte.

Amerika hat den Atlantik inzwischen überquert. Die Demonstranten in Paris, Stockholm, London und Berlin haben dieselben Spruchbänder hochgehalten wie die Demonstranten in New York oder Minneapolis: *I can't breathe*; *No justice, no peace*; *Black Lives Matter*, denn inzwischen ist an den meisten Universitäten der Alten Welt die westliche Zivilisation das Angriffsziel. Man zeigt mit dem Finger auf die »Dead White European Males«. Ihnen und ausschließlich ihnen sind alle Übel der Welt zuzuschreiben: die Sklaverei, der Kolonialismus, der Rassismus, der Sexismus, die Homophobie, die Transphobie. Und sich mit den »toten weißen Europäern« auseinanderzusetzen, heißt nicht mehr, von ihnen zu lernen, sondern sie auf die Anklagebank zu setzen und ihre kriminellen Neigungen aufzudecken, damit die Minderheiten ihren Stolz zurückgewinnen können und die kulturelle Diversität sich endlich ungehindert entfaltet. Die neuen Generationen sind überzeugt, in George Floyds Mörder das ungerührte Gesicht jener Kultur wiederzuerkennen, die sie hassen gelernt haben.

In seinem Buch über die Herrschaft des politisch Korrekten berichtet Mathieu Bock-Côté über die Studenten am King's College in London, die an den Statuen im Eingangsbereich der Universität Anstoß genommen hatten, einem, wie sie formulierten, »Haufen über fünfzigjähriger weißer Männer mit Bart«. Die Universität beeilte sich, die Figuren durch andere, diversitätsgerechte Skulpturen zu ersetzen. In Cambridge wiederum lehnten Studenten die 250-Jahr-Feier von Beethovens Geburtstag ab: Der Komponist der *Kreutzersonate* sei »too pale, too male, too stale« (»zu weiß, zu männlich, zu abgestanden«). Und einem Artikel des in New York lebenden und lehrenden David Haziza entnehme ich, dass die besonders fortschrittlichen Studenten der Columbia University erst kürzlich erklärten, man müsse das dortige Lehrprogramm umwerfen: Es sei so vom »Weißsein« bestimmt, dass sich, wenn man ihnen Glauben schenken will, dadurch die anhaltenden rassistischen Morde erklären. Für die künftige euroamerikanische Elite gilt, dass Platon, Aristoteles, Homer und Vergil, Dante und Kant, Michelangelo und Beethoven den Angehörigen der herrschenden Rasse ein solches Überlegenheitsgefühl einprägen, dass diese meinen, ihnen sei alles erlaubt. Man muss ihnen dringend den Mund stopfen, wenn man die Gewalt in der Welt eindämmen will. Und der entscheidende Unterschied zu den von der Linken bestimmten Jahren früherer Zeiten liegt darin, dass sich die Professoren nicht wehren: Sie weisen den Weg.

Jenseits der Mobilisierung gegen Polizeigewalt ist es letztlich das Ziel des neuen Antirassismus, das Abendland innerhalb seiner eigenen Grenzen abzuschaffen. Das schlechte Gewissen im Westen geht so weit, dass sich der Wunsch, am Sein festzuhalten, in den Wunsch umkehrt, nichts zu sein, um nie wieder jemanden auszuschließen oder zu misshandeln. In dieser allein vom Sühnegedanken bestimmten Sicht wird der arabische oder innerafrikanische Sklavenhandel ausgeblendet, die Beschimpfungen von Weißen als Weiße (»Du weißes Schwein!«), der arabisch-muslimische Antisemitismus oder der eines Teils der schwarzen Minderheit in Amerika. Und man sollte sich nicht unterstehen, auf die eine oder andere solcher faktischen Wahrheiten hinzuweisen! Dann folgt prompt der Vorwurf, man trage zur Ausgrenzung der neuen werktätigen Klassen bei. Es ist also unbedingt ratsam, sich zurückzuhalten und die Augen vor allem zu verschließen, was nicht ins Bild passt. Um nicht Schimpf und Schande auf sich zu laden, ist es angebracht, bei der Wahl zwischen Realität und Denksystem sich für das System zu entscheiden.

Als es noch eine Welt für alle gab, konnte ein Patrick Moynihan, ein großer, heute in Vergessenheit geratener Politiker der amerikanischen Demokraten, sagen: »Jeder hat ein Recht auf eine eigene Meinung, aber nicht auf eigene Fakten.« Mit dem Wiedererstarken des ideologischen Denkens versteht sich eine solche Aussage nicht mehr von selbst: Nach progressistischer Lehre sind der islamische Separatismus und der antiweiße Rassismus keine erwiesenen Tatsachen, sondern verwerfliche Meinungen. Und ausgerechnet in einer Zeit, in der die historischen Völker unter dem Einfluss globaler Umzugsbewegungen ihre Vorrangstellung einbüßen, verwandelt sich die Bedeutung der Gastfreundschaft – wie die der Kultur – von Grund auf: Sie war eine Gabe, jetzt wird sie ein Zugangsangebot. Sie bestand darin zu geben, was man selbst hatte, jetzt wird den Fremden die Möglichkeit gegeben zu bleiben, was sie sind, und ihre Andersartigkeit zu pflegen. So können sie in die Gesellschaft des Gastgebers aufgenommen werden, ohne den Kopf einziehen und ihr Gepäck an der Grenze abgeben zu müssen. In einer Zeit massiver Einwanderung geht es nicht länger darum, die Neuankömmlinge in die europäische Zivilisation zu integrieren, sondern darum, ihren Blick auf die dunklen Flecken einer Zivilisation zu lenken, von der sie viel zu lange verachtet und schamlos ausgebeutet wurden. Das schlechte Gewissen ist zur hemmungslosen Tugend geworden, eine gefährlich entfesselte Selbstkasteiung. Statt die Menschen menschlicher zu machen, indem man sie daran hindert, vor alldem die Augen zu verschließen, ist man dabei, unter Berufung auf das schlechte Gewissen mit ständigen Übersteigerungen und unaufhörlichen Säuberungen genauso großen Schaden anzurichten wie durch das Überlegenheitsgefühl selbst. Nicht nur der Stolz, auch die Demut braucht Grenzen.

In Frankreich geht die Anpassungsmanie inzwischen mit einem veritablen Analogiewahn einher. Die *Wokes*, die wachsamen Aktivisten mit ihrem Gespür für soziale Ungerechtigkeit und Diskriminierung, haben sogleich eine Beziehung zwischen George Floyd und Adama Traoré hergestellt, jenem 24-jährigen Mann aus Beaumont-sur-Oise, der im Juli 2016 nach seiner Festnahme durch die Polizei gestorben war. Dabei kann man auf den ersten Blick erkennen, dass die beiden Fälle absolut keine Gemeinsamkeiten aufweisen. So sagte Rachida Hamdan, Vorsitzende der Bürgerrechtsvereinigung *Les Résilientes* in Saint-Denis, Paris: »Adama Traoré ist kein Opfer von Rassismus oder systematischer

Gesichtskontrolle. Er wurde im Zusammenhang mit einem Strafverfahren von Polizisten verhaftet, zwei davon Schwarze, und nicht wegen seiner Hautfarbe [...] Außerdem bin ich nicht bereit, in Paris für jemanden auf die Straße zu gehen, der wegen der Vergewaltigung eines Mithäftlings angeklagt ist. Wenn man die Familie Traoré zum Vorbild macht, ist das eine Beleidigung der Schwarzen.« Doch an einer solchen »schwarzen Wut« ist das Aktionsbündnis »Die Wahrheit über Adama« nicht interessiert, und sie prallt auch an den lautstarken Unterstützern ab, die sich selbst in den USA zu Wort melden (Ende 2020 widerfuhr der emblematischen Schwester Traorés die Ehre, auf die Titelseite des *Time Magazine* zu kommen). Mit Wahrheit meinen die *Wokes* ihren Sieg. Von der Justiz erwarten sie, dass sie sich ihren Anklagen anpasst. Um dieses Ziel zu erreichen, vertreten sie die Gegenposition zu den Grundsätzen, die Leo Glucksman in *Mein Mann, der Kommunist* Nathan Zuckerman gelehrt hatte. Sie simplifizieren ohne Unterlass und bahnen sich mit der Machete ihren Weg durch das Dickicht der Realität. Um keinen Preis wollen sie sich durch die Sorgfalt und Skrupel differenzierender Betrachtungsweisen erweichen lassen. Genauigkeit ist für sie wie ein Stein im Schuh, den man herausholen muss, um schneller laufen zu können. Darum prangern sie rassistische Gewalt seitens der französischen Polizei gegen die afrikanischen und maghrebinischen Minderheiten an, obwohl unsere Zeit sich gerade dadurch auszeichnet, dass man die Gewalt gegen Angehörige der Staatsorgane gleich welcher Art banalisiert. Wer hat denn Angst in den Problemvierteln, den ehemals »volkstümlichen« Stadtteilen, deren Einheimische vertrieben wurden, wer hat da Angst, wenn nicht die Busfahrer, Polizisten und Feuerwehrleute? Obwohl bis heute weder Feuerwehrgewalt noch systembedingte Brutalität der Angestellten in den öffentlichen Verkehrsmitteln zu verzeichnen ist, werden Angehörige beider Institutionen beleidigt, geschlagen, in Hinterhalte gelockt, mit Eisenstangen attackiert oder von den Hausdächern mit Steinen beworfen.

Als 2007 in Villiers-le-Bel »Jugendliche« echte Kugeln auf Polizisten abfeuerten, erwiderten diese das Feuer nicht. Das Ergebnis: Dutzende von verletzten Ordnungskräften, jedoch kein einziger verletzter Demonstrant. Unter dem Eindruck der Unruhen, die 2005 ganze Landesteile erfassten, verlangen die Vorgesetzten, dass die Ortskräfte alles tun, um Zwischenfälle oder Übergriffe zu vermeiden. Alles tun, heißt in diesem Fall, nichts gegen die ohrenbetäubende Arroganz illegaler Autorennen in den Städten oder gegen das ritualisierte »Abfackeln« von geparkten Autos tun. Der Staat ist nicht omnipräsent und omnipotent, er ist schwach, und aus den Bereichen, die man nicht umsonst als die verlorenen Gebiete der Republik bezeichnet, hat er sich zurückgezogen.

Und schließlich, wenn es denn einen institutionellen Rassismus gäbe, würden die Demonstranten ihren Peinigern »Polizisten sind Mörder!« ins Gesicht brüllen? Wenn die Angst vor Uniformen so weit verbreitet wäre, wie man ständig behauptet, hätte man dann erlebt, wie am Rande der Protestkundgebungen, die unter dem Slogan »La Nuit debout« im Frühjahr 2016 in Paris und anderen französischen Städten stattfanden – gewissermaßen ein »Frühling 2016« als »Mai '68« –, Demonstranten die Scheibe eines Polizeifahrzeugs einschlugen, Rauchbomben ins Innere warfen, einen der beiden Insassen prügelten, als er ausstieg, und auf dem Schauplatz ihrer Tat ein Plakat hinterließen, auf dem zu lesen war »Poulets rôtis: 5 euros« (»PolEnte am Spieß: 5 Euro« – »poulet« bedeutet ugs. Bulle)? Wenn sie sich nicht totaler Straflosigkeit sicher wären, würden Rapper dann ihre vulgären Songs über Polizistenfrauen unter die Leute bringen?

Die Fähigkeit des Menschen, sich in einer Parallelwelt einzurichten und seine Existenz zu verklären, kennt keine Grenzen. Unter dem Eindruck der schrecklichen Mordtat in Minneapolis interviewte man ehrfürchtig ein Bandmitglied von *La Rumeur*, das sich vor ein paar Jahren damit hervorgetan hatte, von den »Hunderten unserer Mitbrüder« zu sprechen, die von Polizisten niedergeknüppelt worden seien, ohne dass »ein einziger dieser Mörder behelligt worden sei«. Während täglich 85 Angriffe auf diejenigen verzeichnet werden, die man früher einmal Friedenshüter nannte, wird die folgende Erklärung der Schauspielerin Camélia Jordana, Angehörige der »sichtbaren Minderheiten«, sehr ernst genommen: »Es gibt Tausende von Menschen, die sich in Gegenwart eines Polizisten nicht sicher fühlen, und ich gehöre dazu. [...] Ich spreche von den Männern und Frauen, die jeden Morgen in den Vorstädten arbeiten gehen und die ausschließlich wegen ihrer Hautfarbe umgebracht werden.«

Nichts, aber auch gar nichts, stützt solche Behauptungen. Und trotzdem lügt diese engagierte Schauspielerin nicht. Oder vielmehr, sie weiß nicht, dass sie lügt. Sie fabuliert aus tiefster Überzeugung, die Wahrheit zu sagen. Vor Empörung blind, ist sie selbst die erste Anhängerin der *Fake News*, die sie verbreitet, sie glaubt felsenfest an ihre eigene Aussage, sie hält sich wirklich selbst für das Opfer, dessen Rolle sie übernommen hat. Mit anderen Worten, sie träumt im Wachzustand, und ihr Traum ist ansteckend. Was Schlafwandler so häufig erleben, spiegelt die Rolle der Kultur, das heißt der Kunst und des Denkens: Wir müssen aufwachen, um zu sehen. Wir brauchen die treffenden Worte, damit wir aufhören, uns mit Worten zu begnügen. Wir brauchen die Geschichten, die der Roman uns erzählt, damit wir uns nicht länger Geschichten erzählen.

Im September 2020 wurde im Palais de Tokyo, dem Tempel der zeitgenössischen Kunst, eine Ausstellung organisiert, zum 25. Jubiläum von *La Haine* (deutsch: *Hass*), dem Film von Mathieu Kassovitz über die rebellische Jugend der französischen Vorstädte. Diese Ausstellung stand im Zeichen einer übergreifenden Idee: Die Schüler der Filmschule Kourtrajmé, die Ladj Ly, Regisseur von *Les Misérables* (*Die Wütenden*), 2018 gegründet hatte, sollten die Frage beantworten: »Was macht euch heutzutage wütend?« Der 26-jährige Künstler Ismaël Bazri ergriff die Gelegenheit beim Schopf und nahm sich vor, den Motocross-Akrobaten, die in den Städten Rennen veranstalten, seine Reverenz zu erweisen. »Seine Installation verbindet am Boden verstreute Trümmerteile, wie nach einem schweren Unfall in einem Verfolgungsrennen, mit ekstatischen Fotos, die ›das Bedürfnis nach dem Adrenalinstoß zeigen, mit dem die Langeweile betäubt werden soll‹.«

Das Krawallmachen aus Hass wird zum Kunstwerk erhoben und institutionell geadelt: Das ist am Ende eines langen Niedergangs die finale Erscheinungsform des Antirassismus.

IV Die Verabschiedung der alten Welt

Entstauben

ZUM 50. JAHRESTAG der Schlacht von Verdun hatte ein Orchester Brahms' *Ein deutsches Requiem* aufgeführt. Zum 100. Jahrestag war dann geplant, den Rapper *Black M* mit einer Abschlussvorstellung zu betrauen. Was hat diesem Wandel vom Requiem zur »Fete« den Boden bereitet? Welches Ereignis zwischen 1966 und 2016 konnte dazu führen, dass eine interministerielle Arbeitsgruppe eine solche Entscheidung traf und die von der Regierung ins Leben gerufene hochoffizielle Gesellschaft für die Gestaltung des Gedenktags die Kosten dafür übernehmen wollte? Das Ereignis ist »die Jugend«. Gewiss, die Jugend hat es immer schon gegeben, aber bis vor Kurzem war die Jugend ein Lebensalter. Inzwischen ist sie eine Daseinsform, eine kollektive Identität, eine spezifische Kultur, eine eigene Welt mit ihrem eigenen Lebenswandel, eigenen Regeln, Werten, Grundüberzeugungen, ihren Medien, ihrer Sprache, ihrem *Look*, ihren Vorlieben und Bedürfnissen. Und ihr elementares Bedürfnis ist das Feiern. Die Jugend lebt nach den Gesetzen der Intensität. Zum Innehalten kann man sie nur bewegen, wenn man gleichzeitig eine Entschädigung durch Lärm-Ekstase in Aussicht stellt, wenn man verspricht, dass sie sich am Ende und zur Belohnung austoben darf: erst *Black M* in Verdun, später dann, um die Erinnerungskultur ein wenig zu entstauben, *Booba* oder *50 Cent* in Auschwitz-Birkenau. Viele junge Menschen erkennen sich nicht wieder in diesem Spiegel, der ihnen da von den Nichtjungen vorgehalten wird. Sie fühlen sich als Teil der ganzen Menschheit. Für sie ist die Jugend ein Übergang, keine Stammeszugehörigkeit, eine Phase, keine Welt. Und das Individuum, das sie zu werden versuchen, will nicht unbedingt wie ein Warenmuster behandelt werden. Diese Jugendlichen reagieren entrüstet, wenn man sie im klassifizierenden Zeitgeist einer Kategorie zuordnet. Doch solchen »Klassenverrätern« schenkt man kein Gehör.

Unser Rapper ist außerdem nicht irgendein Rapper. Er läuft nicht nur mit herabhängenden Hosenträgern auf der Bühne herum und gibt Obszönitäten von sich. Als er noch zur Gruppe *Sexion d'Assaut* gehörte – S.A. wie Sturmabteilung, aber mit »x« für den erotischen Pfiff –, bezeichnete er Frankreich als ein Land von »Kaffern«, das heißt, Ungläubigen, und trug ein Lied vor, das sinngemäß dazu aufforderte, Schwulen den Garaus zu machen, den Penis abzuschneiden und dann am Straßenrand liegen zu lassen. Der Hinweis auf diese Schmähungen führte nach einigem Zögern zur Absage der geplanten

Schlussveranstaltung. Da der Hinweis aber von *Fdesouche*, einer als Presseschau fungierenden Website, die als extrem rechts gilt, gekommen war, empörte sich die Linke über diese Entscheidung. Dominique Sopo, Präsident auf Lebenszeit von SOS Rassismus, kritisierte mit scharfen Worten die Faschisten und Reaktionäre, die sich für ihren Protest gegen eine Beleidigung der Kriegsgefallenen wie zu einem einzigen Hakenkreuz zusammengetan hätten. Und die Kultusministerin bedauerte, dass die »wütenden Proteste im Namen einer widerwärtigen und selbstgerechten Moral« zur Absage des Konzerts geführt hätten. Man muss jede intellektuelle Selbstachtung aufgegeben haben, wenn man es noch wagt, das Wort »widerwärtig« zu verwenden. Es gehört schon lange nicht mehr zum Wortschatz des gegenwärtigen Denkens, sondern ins Wörterbuch der Empörungsklischees. Wenn so viele Politiker, organisierte Aktivisten, Journalisten und Schreiberlinge es so hartnäckig verwenden, dann deshalb, weil im Antirassismus die Gewohnheit die Wachsamkeit ersetzt und der Reflex die Reflexion. »Schwarz, also diskriminiert«: Das ist ein Grundsatz. Und wir haben die Pflicht, wenn wir Frankreich als Nation wollen, nicht etwa unser gemeinsames Erbe von Ruhm und Reue (um Ernest Renan zu zitieren) mit anderen zu teilen, sondern *Black M* willkommen zu heißen und so unsere Schuld gegenüber allen Opfern der Sklaverei, des Kolonialismus und der Stigmatisierung abzutragen.

Uns steht also noch einiges bevor.

Ein Held unserer Zeit

JOHNNY HALLYDAY war uns seit Ewigkeiten vertraut. Kaum einer konnte sich seinem Ruhm, seinen Hits oder den Wechselfällen seines Privatlebens entziehen. Seine schwere Krankheit und sein Tod haben mich daher berührt, doch ich gräme mich nicht, ich teile nicht die Gefühle derer, die am Rande seines Trauerzugs geweint und gesungen haben. Dennoch liegt es mir fern, ihre Trauer zu verachten. Als ich die Bilder der Menge sah, die dem Idol inzwischen gealterter junger Menschen die letzte Ehre erwies, kam mir ein großartiger Text von Prousts *Lob der schlechten Musik* in den Sinn: »Das Volk, das Bürgertum, die Armee, der Adel haben immer dieselben Briefträger und Trauerträger bei schwerem Unglück und hellstem Glück, und so haben sie auch dieselben unsichtbaren Liebesboten, dieselben sehr geliebten Beichtväter. Es sind die schlechten Musiker. Hier dieser grauenhafte Refrain, den jedes gut veranlagte und geübte Ohr beim ersten Hören von sich weist, er hat den Schatz von tausend Seelen empfangen, er bewahrt das Geheimnis von unzähligen Lebensläufen, denen er blühende Inspiration bedeutet hat und immer bereite Tröstung – denn immer lag das Notenheft halb geöffnet auf dem Klavierpult –, es bedeutete ihnen träumerische Anmut und das Ideal. Diese Arpeggien, diese Kadenz haben in der Seele von vielen Verliebten oder Träumern mit paradiesischen Harmonien widergeklungen oder gar mit der Stimme der vielgeliebten Frau.«

Seit Proust hat sich etwas geändert: Jenseits dieser Musik, von der er sagt, dass ihr Platz in der Geschichte der Kunst unbedeutend, in der sentimentalen Geschichte der Gesellschaft unermesslich sei, gibt es nichts anderes mehr, was im Rang höher steht, was sie übertrifft. Sie ist nicht mehr »schlechte Musik«, auch nicht leichte Musik oder niedere Kunst: Diese Musik thront über uns. Man kann sie gar nicht hoch genug in den Himmel heben. Aurore Bergé, die prominenteste *En-Marche*-Abgeordnete auf dem Weg in eine neue Welt, hat die öffentliche Anteilnahme am Tod von Johnny Hallyday mit den Gefühlen der Bevölkerung bei Victor Hugos Staatsbegräbnis im Jahr 1885 verglichen. Mit diesem Vergleich und mit den stehenden Ovationen des französischen Parlaments für unser verstorbenes Idol verabschiedet sich Frankreich von seiner Identität: Es verleugnet sich als literarische Heimat. Um die Ehrung abzurunden, würdigte unser Staatsoberhaupt Johnny Hallyday als einen »französischen Helden«. Und diese Bezeichnung hat er nach dem Ende eines Jahrhunderts gewagt, das uns trotz allem die Bedeutung von Heldentum wiederentdecken ließ.

Die Aufklärung hatte den Vorrang der friedlichen Werte und der zivilisatorischen Fortschritte gegenüber den kriegerischen Instinkten hervorgehoben. Erinnern wir uns an Voltaires Aussage: »Groß nenne ich die Männer, die sich im Nützlichen und Angenehmen hervorgetan haben. Die Verwüster von Provinzen sind nur Helden.« Es gab einen Hitler und dagegen de Gaulles Aufruf zum Widerstand vom 18. Juni 1940, es gab die französischen Widerstandskämpfer der »Armee im Schatten« (nach Jean-Pierre Melvilles Film von 1969) und die 2. Panzerdivision, die nach der französischen Kapitulation aufseiten der Alliierten weiterkämpfte. Es heißt, unsere Dankesschuld vergessen und ein wahres Sakrileg begehen, wenn man mit ein und demselben Wort führende Mitglieder des französischen Widerstands wie Pierre Brossolette oder Jean Moulin und einen Sänger bezeichnet, der nicht einmal seiner Steuerpflicht als französischer Bürger nachkam. Johnny »hugolisiert« oder heroisiert: So viel verirrte Bewunderung ist ein Zeichen dafür, dass man sich der Transzendenz total verschlossen hat. Das Entertainment hat das, was Größe bedeutet, vereinnahmt, ohne die Einheit der Nation dadurch zu festigen – anders als man glauben wollte. Das einfache Volk der einfachen Weißen ist auf die Straßen geströmt, um Johnny Lebewohl zu sagen. Zwar in großer Zahl, aber, trotz allen Medienrummels, allein. Ausgerechnet die Diversität war nicht mit von der Partie. Das neue Volk glänzte durch Abwesenheit. Was heißt das anderes, als dass die leichte Musik jene soziale Funktion nicht mehr erfüllt, die Proust ihr einst zuschrieb? Sie führt nicht alle zusammen, sie eint nicht mehr. Es gibt den Rock, und es gibt den Rap; das, was die Alten mitreißt, und das, was die Jugend begeistert; das, was die Bobos lieben, und das, was in den Problemvierteln glücklich macht. Alles gerät unweigerlich in den Sog von Sondergemeinschaften, überall entstehen Inseln, selbst die Sommerhits sind kein Gemeingut mehr. Das kulturlose Frankreich ist ein Frankreich in Stücken.

Die Elite gegen den Elitarismus

WIRD EUROPA GERADE von einer Welle des Populismus überrollt? Bevor man auf diese Frage antwortet, muss man sich über die Bedeutung dieses Begriffs verständigen. Die drei wichtigen Elemente des Populismus im klassischen Verständnis sind der Antielitarismus, der Antiintellektualismus und die Ablehnung von Andersartigkeit gleich welcher Art. Der Fisch stinkt vom Kopf her, sagte Pierre Poujade, der »die von hier« gegen »die von anderswo« und gleichzeitig die Kleinen gegen die Großen verteidigte.

Diese Sichtweise und dieser Sprachgebrauch haben noch ihre Anhänger, aber unsere Situation unterscheidet sich von den Fünfzigerjahren des vorigen Jahrhunderts durch den »Durchbruch des Kulturpopulismus«, um eine sehr erhellende Formulierung von Dominique Reynié aufzugreifen. Dieser Populismus beruft sich auf das Recht zur geschichtlichen

Kontinuität. So sagt Ortega y Gasset: »Der Mensch hat keine Natur. Was er hat, ist Geschichte«, er sei nie ein erster Mensch, er könne nur auf einer bestimmten Höhe angehäufter Vergangenheit fortleben, das sei seine Schatzkammer, sein Privileg, das zeichne ihn aus.

Nach Hitler wollte man die nationalen Identitäten und die europäische Identität von allem identitären Gehalt befreien, nach dem Modell des Habermas'schen »Verfassungspatriotismus«. Um sich gegen die alten Dämonen des Partikularismus zu wappnen, verzichtete man auf das Kulturerbe zugunsten der universellen Werte. Es gibt also keinen *Kulturelitarismus* mehr, diese Lücke füllt der Populismus. Das Volk, oder ein bestimmter Anteil desselben, will eine Welt erhalten, die von den herrschenden Klassen durch die Regeln der Marktwirtschaft und des Rechts abgelöst werden soll. Dieses Bedürfnis gilt als fremdenfeindlich. Und so vermengt man in ein und demselben Vorwurf die Angst vor Fremden mit dem Schmerz, im eigenen Land zum Fremden zu werden. Vom Schmerz kann man in die Angst und von der Angst in den Hass abgleiten: Bestimmte politische Gruppierungen in Europa erliegen dieser schrecklichen Versuchung. Ein solches Abgleiten verhindert man nicht, indem man den Schmerz kriminalisiert, sondern indem man ihn anerkennt und nach Mitteln sucht, Abhilfe zu schaffen.

Im Namen wirtschaftlicher Notwendigkeiten, moralischer Imperative und der »Vorteile kultureller Diversität« fordern der Europarat und die Kommission mit unerschütterlicher Beharrlichkeit ständig mehr Einwanderung aus nicht europäischen Ländern. Wenn Europa aber seine Bevölkerung verändert, führt das zu einem Wandel seiner Identität. Wenn der Ansturm des jungen Afrikas auf den Alten Kontinent anhält (und warum sollte er aufhören?), wird Europa unausweichlich etwas anderes werden, als es ist. Wer also ist europhob? Derjenige, der es nicht erträgt zu sehen, wie die europäische Kultur verschwindet, oder derjenige, der das nicht einmal bemerkt, weil er so damit beschäftigt ist, die Menschenrechte zu verteidigen, die Grenzen abzuschaffen und gegen den hochmütigen und verstaubten Elitarismus derer zu kämpfen, die unter sich bleiben wollen? Die Elite gegen den Elitarismus – das ist die große und traurige Neuheit unserer Zeit. Bérénice Levet hat in ihrem Buch *Le Crépuscule des idoles progressistes* vielsagende Beispiele dazu versammelt. Die Pariser »Médiathèque musicale« organisierte 2015 eine Ausstellung mit dem Titel: »Klassik nervt mich nicht mehr!«, der dann folgendermaßen begründet wurde: »Zu ernst, die klassische Musik? Zu kultiviert? Abgehoben? Elegant? Von wegen! Von der Karikatur bis zum Gag, vom erfrischenden Humor bis zur äußersten Geschmacklosigkeit – entdecken Sie, wie die Tonaufzeichnung das etwas verstaubte und elitäre Image der klassischen Musik aufbrechen konnte. Wir zeigen eine Auswahl aus unserer Sammlung von Schallplatten- und CD-Hüllen.« Anlässlich der »Folle Journée de Nantes« von 2008 (des jährlichen Musikfestivals, das klassische Musik einem breiten Publikum vermitteln soll) verpasste man Schubert einen neuen Look »im Anzug ohne Krawatte und ganz lässig in Turnschuhen«. Und 2010 zeigte man Chopin, schick im Polohemd, Hand auf der Hüfte und Arm in Arm mit George Sand im weißen T-Shirt mit rotem Schriftzug ...

Die neue Elite ist *cool,* und ihr Kulturerbe interessiert sie nur als anregender Vorgeschmack auf die *world culture*, letztlich auf Rock oder Rap. Diese vernetzte Elite, die sich für europäisch hält, weil sie sich in Berlin oder Mailand eher zu Hause fühlt als in Limoges oder Valenciennes, trägt aktiv dazu bei, Europa zu Grabe zu tragen.

Das Reich des Hässlichen

FÜR DIE MILITÄRPARADE zum französischen Nationalfeiertag am 14. Juli 2017 wurde die Tradition einer Verjüngungskur unterzogen: Die Soldaten der Militärkapelle spielten ein Stück von *Daft Punk* auf Tuba und Horn, bewegten sich dazu im Pas de Deux, wirbelten herum und warfen nach dem Vorbild amerikanischer Cheerleader Trommelstäbe in die Luft.

Ein Jahr später war für das Musikfest (»Fête de la Musique«) noch mehr Wagemut angesagt. Am 21. Juni 2018 hatte man zur Unterhaltung der Gäste des französischen Präsidenten im Ehrenhof des Elysée-Palasts Rap ausgesucht und das, was man mit dem etwas bedrohlich klingenden Wort »Electro« bezeichnet. Und der Rap durfte mit heftigen pornografischen und frauenverachtenden Texten und in der üblichen extrem vulgären Wortwahl aufzeigen, wie die Lyrik der neuen Welt beschaffen ist. Ein poetischer Abend also, aber zugleich auch ein politischer Abend. Auf dem T-Shirt eines der »Künstler«

in Netzstrümpfen prangte der folgende Aufdruck: »Fils d'immigré, noir et pédé« (»Sohn eines Einwanderers, schwarz und schwul«). Man erklärt uns, man müsse rechts oder extrem rechts stehen, wenn man auf diesen Verfall der Sitten, auf diese akustische Aggression im Ehrenhof des präsidialen Elysée-Palasts erstaunt oder empört reagiere. Im Gegenteil: Es ist überraschend und sogar bestürzend, dass die gesamte Linke diese Schau auch noch absegnet, um nicht als gestrig, rassistisch und homophob angeprangert zu werden.

Wenigstens ist nun kein Missverständnis mehr möglich. Die von Jacques Lang Anfang der 1980er-Jahre ins Leben gerufene Veranstaltung ist nicht das Fest der Musik, sondern das Fest ihrer Ablösung. Musik, das bedeutete einst die klassische Musik und ihre Fortsetzung in der Moderne. Alles andere war Varieté, Chanson. Die großen Chansonniers wie Jacques Brel oder Serge Gainsbourg übernahmen diese Hierarchie für sich. Dann setzte sich das Chanson ins Parkett und verwies die Musik im alten Sinn auf den Klappsitz. Und heute wird das Chanson seinerseits vom verunglimpfenden Rap und dem Electro- oder Technogetöse entthront. Für die Musik gilt dasselbe wie für die Kultur: Das Wort ist noch das gleiche, aber es bezeichnet eine ganz andere Sache.

Claude Debussy starb 1918. Stellen Sie sich einmal vor, der französische Präsident hätte diesen Gedenktag begehen wollen, indem zum Fest der Musik im Elysée-Palast ein Debussy-Konzert aufgeführt worden wäre. Seine *Spindoktoren* hätten aufgeschrien und ihn beschworen, von einem solchen Projekt weißen Hochmuts Abstand zu nehmen. Emmanuel Macron beklagte 2018 in einer Rede in der bretonischen Stadt Quimper die Lepra des Populismus. Die wahre Lepra ist der Verrat der neuen Eliten, die manische Sorge, jemals *in flagranti* dabei ertappt zu werden, Unterschiede zu machen. Es ist schlimm, dass sich das Staatsoberhaupt mit fliegenden Fahnen dieser Bewegung angeschlossen hat, zumal man ihm schon einiges nachsehen musste. Als Präsidentschaftskandidat hatte er erklärt, es gebe keine französische Kultur, übrigens auch keine französische Kunst. Er behauptete, Kultur bedeute nicht Jean Giono für die einen und Hip-Hop für die anderen, sondern alles für alle. Alles heißt: alles Beliebige. »Die Wüste wächst, weh dem, der Wüsten birgt«, sagte Nietzsche. Da ich die Wüste liebe, würde ich lieber so formulieren: »Das Reich des Hässlichen wächst unaufhörlich. Weh dem, der ihm zu Diensten ist!«

Links-Sein

IN SEINEM NEUESTEN BUCH, *Épilogue*, schreibt Gérard Genette, er gehöre einem gesellschaftlichen und beruflichen Milieu an, in dem »Linkssein« das ist, was Diderot als einen »Idiotismus« des Berufs bezeichnet, das heißt eine ideologische Ehrensache, die man ebenso fraglos akzeptiert wie anderswo den Glauben an die Himmelfahrt Mariens. Ich bin zwar jünger als Genette, der 1930 geboren wurde und 2018 starb, aber da ich mich im gleichen Umfeld entwickelt habe, könnte ich seine Aussage auch auf mich anwenden. Allerdings habe ich mich von meiner ursprünglichen Überzeugung distanziert: Das »Links-Sein« ist mir nicht mehr selbstverständlich. Und meine Abwendung von dieser ideologischen Ehrensache verdanke ich Denkern aus Mitteleuropa.

In einer der Erzählungen in Milan Kunderas *Buch der lächerlichen Liebe* wird von den Missgeschicken eines Lehrers in einem Städtchen der sozialistischen Tschechoslowakei berichtet. Der (atheistische) Eduard macht einer tiefgläubigen jungen Frau ungestüm den Hof, begleitet sie in die Kirche und, um sie dazu zu bringen, mit ihm zu schlafen, bekreuzigt er sich eines Tages demonstrativ in der Öffentlichkeit. Er wird dabei von der Frau des Hausmeisters gesehen und vor vier Richtern zur Rede gestellt. Um einer Bestrafung zu entgehen, gibt er vor, dass er gern nicht an Gott glauben würde, dies aber zu seiner Schande nicht fertigbringe. Die Richter sind gerührt, weil, so schreibt Kundera, »selbst der grimmigste Revolutionär Gewalt nur als notwendiges Übel betrachtet und das eigentlich *Gute* der Revolution für ihn in der Umerziehung liegt«. So sagt der Inspektor, der eigens für die Untersuchung seines Falls angereist ist: »Der Kampf zwischen Alt und Neu verläuft nicht nur zwischen den Klassen, sondern auch in jedem einzelnen Menschen. Ein solcher Kampf findet jetzt im Inneren des Genossen statt. Er weiß mit der Vernunft, aber das Gefühl reißt ihn zurück. Sie müssen dem Genossen helfen in seinem Kampf, damit die Vernunft siegt.«

Ein anderer Tscheche, der Philosoph Václav Bělohradský, führt uns die ganze Tragweite dieser Erzählung Kunderas vor Augen: »Der sowjetische Staat ist der authentischste Ausdruck jenes Bestrebens, dem Gang der Geschichte, der das moderne Bewusstsein bestimmt, auf ihrem Weg zu folgen: Wer sich gegen die Sonne der Vernunft erhebt, wer den Gang der Geschichte behindert, verliert seinen Platz unter den Menschen, er gerät unter die Herrschaft des Unmenschlichen. Gegen ihn haben diejenigen, denen die Menschheit am Herzen liegt, einen erbarmungslosen Kampf aufgenommen.« Die Zukunftspartei zieht einen Trennungsstrich zwischen den Lebenden und den Überlebenden, zwischen denen, die zur Gegenwart gehören, und denen, die in der Vergangenheit leben, als Überbleibsel einer versunkenen Zeit.

Man darf also nicht meinen, den Kommunismus hinter sich gelassen zu haben, wenn man sich damit begnügt, die Gräuel der stalinistischen Lager anzuprangern. Man muss der Idee vom Sinn der Geschichte als ihrem unausweichlichen Gang einen gemeinschaftlich entwickelten Sinn entgegenhalten. Das »Linkssein« beruht jedoch auf der arroganten Gewissheit, diesen Gang der Dinge zu verkörpern. Das Wort »Kommunismus« ist praktisch aus dem Vokabular der Linken verschwunden und durch das Wort »Demokratie« ersetzt worden, aber nicht im politischen Sinn gemeinsamer Beratung, sondern in der progressistischen Bedeutung einer unaufhaltsamen Bewegung »zur Freiheit, zum Licht empor«. Was kann man dann aus einer solchen Perspektive in den Gegnern der künstlichen Befruchtung anderes sehen als Fratzengestalten einer auf Diskriminierung und Ungleichheit basierenden Vergangenheit, die sich mit ihrem Untergang einfach nicht abfinden wollen? Sollte es nicht möglich sein, sich zu fragen, wieso zurzeit zwei Entwicklungen zusammentreffen, die beide außer Kontrolle geraten sind: einerseits die der individuellen Rechte des Rechtsanspruchs auf ein Kind und andererseits die Entwicklung einer Technik, durch die der Mensch eine Epoche einleitet, in der er selbst Teil des Herstellungsprozesses wird. Wir sind eben nicht zu trennen in Lebende und Überlebende. Wir alle sind Lebende auf der Suche.

Die Linke ist jedoch nicht nur die Zukunftspartei. Sie verteidigt auch die Schwachen. Und dieses Eintreten für die Schwachen, das mich früher bewogen hat, mich den Linken anzuschließen, lässt sie heute die Augen vor dem Antisemitismus, dem Sexismus und der Frankophobie verschließen, die in den »Volksvierteln« wüten; oder aber – wenn sie denn bereit sind, die Tatsachen zur Kenntnis zu nehmen – sie führen dieses Verhalten auf Diskriminierung und mangelnde Gleichberechtigung zurück. Aus den Schuldigen macht man Opfer und aus erklärten Feinden zum Äußersten gereizte Unterdrückte. Der Ursprung des Übels ist demnach darin zu suchen, wie die Gesellschaft funktioniert, die dem Übel zum Opfer fällt. Frankreich und darüber hinaus Europa sind verantwortlich für die Gewalt, die gegen sie ausgeübt wird. Zwei Ikonen der Linken, die Romanautorin Annie Ernaux und der Filmemacher Robin Campillo, erheben heute die sogenannten *Indigènes de la République* zu Vorbildern des antirassistischen Kampfs, allen voran ihre »Pasionaria« Houria Bouteldja, der es nicht genügt, die Geschichte Frankreichs von den Ursprüngen bis zur Gegenwart zu kriminalisieren, sondern die sich auch noch lächelnd neben dem Slogan »Zionisten in den Gulag!« fotografieren lässt.

Und dann gibt es da noch das Problem Schule.

Der Weg zur schulischen Hölle ist mit den besten egalitären Vorsätzen gepflastert: Um den Benachteiligten Vorteile zu verschaffen, hat man in der Schule ein Kulturerbe ins Abseits verbannt, weil es die Erben privilegiere, und die Auslese abgeschafft. Ergebnis: Das Niveau ist abgestürzt, und die Eltern, die es sich leisten können, umgehen die Schulsprengelpflicht oder schicken ihre Kinder auf eine Privatschule. So kommt es, dass man im Namen der Gleichberechtigung das Ideal der gleichen Chancen für alle verrät.

Als ich mich vom »Linkssein« abgewandt habe, bin ich nicht ins Lager der Privilegierten gewechselt, ich habe mich nicht für Versailles entschieden, gegen den Geist und die Hoffnungen der Kommune. Ich habe mich geweigert, mich den Entwicklungen zu fügen, die uns im Namen des Fortschritts mitreißen wollen, und ich habe auch nicht angefangen zu meinen, schulische Exzellenz, Hochkultur und Laizismus müssten abgeschafft werden, weil sie der Unterdrückung dienen.

Péguys Aussage über Politiker in dem Essay *Notre jeunesse*: »Ihre Politik ist zum Kinderkarussell geworden, sie machen uns weis: ›Mein Herr, Sie sind umgestiegen, Sie haben den Platz gewechselt. *Der Beweis: Sie sitzen nicht mehr vor demselben Holzpferd.‹ – ›Entschuldigung, Herr Abgeordneter, aber das Karussell hat sich gedreht.‹*«

Das Jahr 1968

WIE DIE MEISTEN JUGENDLICHEN meines Alters hatte auch ich »meinen Mai '68«. Ich war kein Anführer, ich war Fußvolk, ein unscheinbarer Student unter Tausenden anderen. Ich bin mitmarschiert, ich habe die revolutionären Lieder – mit einer ausgesprochenen Vorliebe für »Bella Ciao« – (falsch) mitgesungen, ich habe an den Versammlungen teilgenommen. Wie ich schon sagte, betrachte ich das weder als Ruhmesblatt noch als Schande. Doch angesichts der Flut von Gedenkveranstaltungen, die uns 2018 überrollt haben, würde ich gerne die Ereignisse richtig einordnen. Eine gewisse Bescheidenheit ist angebracht; man hat sich damals ein wenig aufgespielt, und ich finde es bedauerlich, dass sich das heute wiederholt. Um zu vergessen, dass wir die verwöhnten Kinder der Geschichte waren, haben wir uns Geschichten erzählt. Wir träumten mit offenen Augen, wir, die Babyboomer, fantasierten uns ein episches Schicksal zusammen. Aber auch wenn manche von uns »CRS-SS« (gemeint sind die

Sondereinheiten der Polizei, die bei den Mai-Unruhen in Frankreich eingesetzt wurden) skandierten, in den Widerstand sind wir nicht gegangen. Wir haben keinen Winterpalast gestürmt, keine Revolution gemacht. Der Mai '68 hat weder seine Feinde noch seine Kinder gefressen. Eine Revolution war das nicht, sondern – und das kann man schon mit einem Hauch Nostalgie sagen – ein *Innehalten*. Vorher gab es den täglichen Trott – Arbeit-Essen-Schlafen –, und plötzlich hielt jemand die Zeit an. Man blickte auf, und wo sonst der Verkehr tobte, redeten die Menschen miteinander. Ich kann mit einer gewissen Bewegung daran zurückdenken und bin in diesem Punkt einig mit Maurice Blanchot: »Was auch die Verleumder dieses Mai sagen, es war ein schöner Moment, als jeder mit dem anderen sprechen konnte, anonym, unpersönlich, Mensch unter Menschen, aufgenommen ohne eine andere Begründung als die, ein anderer Mensch zu sein.« Und ich mag immer noch Slogans wie »Redet mit euren Nachbarn!« oder »Diskutiert – überall, mit allen!«, obwohl ich als dankbarer Nutznießer der modernen Freiheit den Segen der Stille und der Ruhe zu schätzen weiß.

Doch es gibt andere Parolen, die mir heute umso mehr zuwider sind, als sie Folgen hatten und diese Folgen verheerend waren: »Der Erzieher gehört selbst erzogen!«, »Ihr Lehrer lasst uns altern«, »Sagt nicht mehr ›Herr Professor‹, sagt ›Verreck, du Schwein!‹«, »Ihr Lehrer seid genauso alt wie eure Kultur, euer Modernismus bedeutet bloß Modernisierung der Polizei«. 1968 haben die Jugendlichen als Jugend die Weltbühne betreten und sind mit den Autoritäten als Repräsentanten einer Herrschaftsform heftig ins Gericht gegangen. Auf den Mai ʼ68 ist die Verwechslung des »Lehrmeisters« mit dem »Herrn und Meister« als einem Unterdrücker zurückzuführen. Im Zuge der großen Revolte leerte man über Paul Ricœur, den damaligen Rektor der Universität Nanterre, einen Mülleimer aus. Und statt aus diesem barbarischen Akt eine Lehre zu ziehen, hat die Institution den Widersinn abgesegnet, der ihn ermöglicht hatte. Die Aufklärung hat uns gelehrt, im selbstständigen Denken und Handeln das besondere Merkmal des Menschen zu sehen. In der Schule verstand man darunter nun nicht mehr das Ergebnis eines Reifungsprozesses, sondern eine selbstverständliche, wenn nicht gar angeborene Eigenschaft. So wurden die Heranwachsenden und selbst die Kinder zu »Akteuren ihrer eigenen Erziehung«, und an die Stelle der Autorität trat die Autorisierung. In diesem Zusammenhang gehört eine tiefsinnige Anmerkung von G. K. Chesterton: »Es ist merkwürdig, wenn die Leute davon sprechen, Dogma und Erziehung voneinander zu trennen. Dogma ist tatsächlich das Einzige, was von der Erziehung untrennbar ist. Es ist Erziehung. Ein Lehrer, der nicht dogmatisch ist, ist einfach ein Lehrer, der nicht lehrt.« Ein solcher Erzieher war das Vorbild der Pädagogik, die aus dem Mai ʼ68 hervorging. Dieser Lehrer steigt herab von seinem Katheder und hört zu, seine Aufgabe ist es, die Schüler so früh wie möglich zu befähigen, sich zu äußern. Man erteilt inzwischen das Wort, ehe man die Sprache gelehrt hat. So stirbt sie im eigenen Land.

Der Mai '68 war auch ein Triumph der Spontaneität über Konventionen und Umgangsformen. Die überlässt man dem aussterbenden Bürgertum. Man hält sich nicht mehr mit Formen auf, verzichtet auf die Etikette und das Katzbuckeln, befreit das Leben von den Zwängen der feinen Lebensart und beseitigt die letzten Spuren der hierarchischen Gesellschaft. Im Reich der Gleichberechtigung muss ein jeder er selbst bleiben können, ohne Getue. Das ist der Anfang vom Ende der Krawatte. Wir sind nicht mehr verkrampft, wir sind *cool*. Nur leider: Spontan ist nicht immer gleich *cool*. Spontaneität kann brutal sein. Von der Beschimpfung bis zum Anspucken, von Übergriffen auf die Privatsphäre der Mitmenschen durch immer mehr Lärm und Rücksichtslosigkeit bis zu den Angriffen auf Autoritätspersonen, die sich vervielfacht haben, seit Ricœur Opfer der Müllattacke wurde, ist die Rüpelhaftigkeit allgegenwärtig und vergiftet unser Leben. Dem zivilisierten Umgang miteinander begegnen wir im Negativ, und wir erkennen, dass die Aufforderung, sich zu zügeln, uns nicht mahnt (wie man 1968 sagte), die öffentliche Ordnung zu respektieren, sondern unseren Mitmenschen.

Für seine zahlreichen Lobredner ist der Mai '68 ein globales Ereignis. Die Historikerin Ludivine Bantigny behauptet in dem aus ihrer Feder stammenden Kapitel »1968« in Patrick Boucherons

L'Histoire mondiale de la France (»Die globale Geschichte Frankreichs«), dass die Pariser Studentenbewegung durchaus wusste, was in Berlin, Trient oder Löwen geschah, und dass sie auch mit den Ereignissen in Warschau oder in Prag im Einklang stand. Aber man stand nicht im Einklang, man projizierte. Kundera hat das gesagt, aber wer hört heute auf Kundera? »Der Mai '68«, schreibt er, »war eine Revolte der Jugend. Der Prager Frühling war eine Sache von Erwachsenen, deren Handeln auf ihrer Erfahrung und ihrer historischen Enttäuschung beruhte. Sicherlich hat die Jugend eine wichtige Rolle in jenem Frühling gespielt, aber sie war keineswegs führend. Die gegenteilige Behauptung ist ein nachträglich fabrizierter Mythos, um den Prager Frühling für die zahlreichen Studentenunruhen überall auf der Welt zu vereinnahmen.« Und Kundera setzt seinen sehr erhellenden Vergleich fort: »Der Pariser Mai stellte infrage, was man als europäische Kultur und ihre traditionellen Werte bezeichnet. Der Prager Frühling hingegen war eine leidenschaftliche Verteidigung der kulturellen Tradition Europas im weitesten und tolerantesten Sinne des Wortes, eine Verteidigung des Christentums ebenso wie eine der modernen Kunst, die beide von der Macht negiert wurden.« Schon wenn die Achtundsechziger das Wort Tradition hörten, sträubten sich ihnen die Haare, sie machten sich darüber lustig: »Lauf, Kamerad, lauf, die Alte Welt ist dir auf den Fersen!« Damals begann der fulminante Aufstieg des Antielitarismus. Der Begriff der Kultur selbst wurde angezweifelt, da der Geschmack, die Gepflogenheiten und die Diskurse überall von gleichem Wert seien. Damit war der Schritt getan, von der großen emanzipatorischen Erklärung: *Alle Menschen sind gleich* zur nihilistischen Feststellung: *Es ist alles egal.* Kundera weist darauf hin, dass es das Theater, die Filme, die Literatur und die Philosophie waren, die im gesamten Verlauf der 1960er-Jahre den Prager Frühling vorbereitet hatten, und dass das Verbot eines Theaterstücks von Mickiewicz die Studentenrevolte auslöste. Kunderas Kommentar: »Diese geglückte Verbindung von Kultur und Leben verleiht den Aufständen in Mitteleuropa eine ganz eigene Schönheit, die uns, die wir das erlebt haben, immer wieder in ihren Bann ziehen wird.«

Wir haben diese außergewöhnlichen Ereignisse damals nicht miterlebt, doch zum 50. Jahrestag der Studentenrevolution von 1968 hätten wir versuchen können, ihre Bedeutung zu erfassen. Das ist nicht geschehen. Die Gelegenheit, sich vom Nihilismus abzuwenden, wurde nicht ergriffen, denn die selbst erklärten Kosmopoliten, die das Erbe von 1968 für sich beanspruchen, sind in Wahrheit provinziell, ja, narzisstisch. Was sie anderswo entdecken wollen, sind nur wieder sie selbst. Diese Verächter einer »Identitätsverengung« bleiben, wohin auch immer sie gehen und so offen sie sich geben mögen, immer auf ihre kleine Welt beschränkt, die sie überallhin mitnehmen.

Die Vergangenheit
der Neuzeit

AM 16. JANUAR 2020 tritt Mila, eine Gymnasiastin mit blau gefärbtem Haar, in einem Video auf und beginnt einen Chat mit einigen ihrer 9000 Abonnenten. Ein Internetnutzer macht ihr Avancen. Sie lässt ihn abblitzen, bleibt online. Einem anderen ihrer Follower vertraut sie an, dass sie Lesbierin ist. Der abgewiesene Verehrer sieht Rot. Er bezeichnet sie als »dreckige Schlampe« und beschimpft sie im Namen Allahs. In der Diskussion wird daraufhin die Religion zum Thema. Das Mädchen erklärt, sie lehne alle Religionen ab, und fügt hinzu, den Islam möge sie nicht, weil er eine Hassreligion sei. Um ihr zu beweisen, dass sie auf dem falschen Weg und der Islam nichts als Liebe ist, stellt man ihr das Höllenfeuer in Aussicht. In einem zweiten Video, das Mila, keineswegs beeindruckt, am selben Tag online stellt, beharrt sie auf ihrer Meinung: »Eure Religion ist scheiße. Eurem Gott stecke ich den Finger in den Arsch. Danke und Auf Wiedersehen.«

Als Reaktion auf ihr spektakuläres Lebewohl kippt man eine ganze Wagenladung von Drohungen und Beschimpfungen über sie aus: »Wir finden dich und drehen dir den Hals um, du Drecksau!«, »Du französisches Stück Scheiße!«, »Du bist so gut wie tot, wir wissen, wo du wohnst«, »Wenn ich dir auf der Straße begegne, dann darfst du deine eigenen Genitalien fressen«. Mila kann nicht in ihre Schule zurück: Ihre Sicherheit ist nicht mehr gewährleistet. Die anderen Schüler haben sie gewarnt: Wenn sie käme, wäre sie dran. Dazu befragt, äußerte sich der Generalsekretär des Zentralrats der Muslime in Frankreich im Radio so: »Sie ist selbst schuld, jetzt muss sie die Folgen tragen.«

So hat der Angriff auf den Islam in unserem alten, ehemals »katholaizistischen« Land einen wahren Orkan ausgelöst. Und dieser Orkan zeigt Wirkung, sogar bei einem nicht unerheblichen Teil des politischen, medialen und kulturellen Establishments. Ségolène Royal, immer noch ehrgeizig, weist die verantwortungslose und respektlose Jugendliche heftig zurecht. Martine Aubry, eine weitere Prominente der französischen Linken, verleiht ihrer tiefen Sorge Ausdruck: »In einer Zeit, in der viele sich angegriffen fühlen, ich denke an die Angriffe gegen Muslime [...], kann vielleicht jeder einsehen, dass man solche Ausdrucksweisen besser vermeiden sollte.« Andere Abgeordnete oder Kandidaten bedauern Milas überflüssig-blasphemische Ausfälle in den gegenwärtigen schwierigen Zeiten. Aber, wie Salman Rushdie zu Recht sagt, »wo kein Glaube ist, da gibt es auch keine Gotteslästerung«.

Das Mitgefühl und die Anpassung sind heute zwei Seiten derselben Medaille. Hinter der Herzenswärme verbirgt sich realistisches Kalkül. Man beugt sich der Macht der Vielen und macht sich vor, man eile den Schwachen zu Hilfe. Man glaubt, man sei antirassistisch und gehorche der Erinnerungspflicht, während man gleichzeitig zum Kollaborateur wird. Denn was ist kollaborieren anderes, als sich in das Urteil der Geschichte zu fügen, indem man das Recht mit dem Faktischen begründet? Da die Geschichte den Islam zur zweitgrößten Religion in Frankreich und in einer zunehmenden Zahl von Ballungsräumen sogar zur ersten gemacht hat, ist der Antirassismus zum Alibi für Unterwerfung geworden. Man streckt die Waffen aus Menschlichkeit. Aus keinem geringeren Grund als dem Respekt vor dem Nächsten räumt man kampflos die Stellung. Man kapituliert vor den Ereignissen im Gefühl, ein Widerstandsheld zu sein – ein tragikomisches Paradox. Von einem LGBTQIA+-Nutzer (so heißt das inzwischen, weil man heute, nach dem Muster von Großbanken und Fernsehsendern, das Geschlecht mit Akronymen bezeichnet) kam die folgende an Mila gerichtete Nachricht: »Dir fehlt absolut die Weltoffenheit, um Teil einer Gemeinschaft sein zu können, die für Liebe und Akzeptanz eintritt. [...] Du bemühst dich in keiner Weise, die anderen zu verstehen.« Als Garanten des gemeinsamen

Kampfs haben die großen Kulturmagazine der progressiven Linken beschlossen, die Scheuklappen aufzusetzen, und *Mediapart* (die an allen Journalistenschulen zum Vorbild erhobene Internetzeitung) veröffentlichte eine ausführliche Untersuchung sexistischer und »LGBT-phober« Entgleisungen der Moderatoren einer Vorzeigesendung von France Inter, *Le Masque et la Plume* (»Maske und Feder«). So kam alles wieder ins Lot: Im Dauerprozess gegen die Phobien saßen die Weißen allein auf der Anklagebank.

Angesichts der Hassgefühle, die sich da Bahn brechen, und der unerträglichen Gründe, mit denen sie gerechtfertigt werden, genießt Mila meine uneingeschränkte Unterstützung. Wie Zineb El Rhazoui bin ich der Meinung, »diejenigen, die Mila bedrohen oder die Fatwa gegen *Charlie Hebdo* vollstreckten, sind keine ›Jugendlichen‹, die sich gegen ein Land empören, das seine Pflicht versäumt hätte, sich ihrer anzunehmen. Es handelt sich vielmehr um Bürger jenes transnationalen und imperialistischen Staats namens Umma, dem sie Gefolgschaft leisten. Die französische, belgische, kanadische oder deutsche Staatsbürgerschaft dient ihnen dabei als Reisedokument und als Versicherungspaket für Krankheit und Unterbringung.« Meine Solidarität hat noch zugenommen, als diese Botschaft an das junge Mädchen in den medialen Netzwerken auftauchte: »Ich werde dir einen Paty verpassen!« (Paty war der Name des Lehrers, der auf offener Straße enthauptet wurde, nachdem er in einem Kurs über die Meinungsfreiheit eine Mohammed-Karikatur gezeigt hatte). Dennoch schließe ich mich nicht der Parole beziehungsweise – um unserer neuen Welt die gebührende Ehre zu erweisen – dem Hashtag #JeSuisMila an, und zwar aus folgendem Grund: Die Redefreiheit ist eine Errungenschaft der Zivilisation. Und in dem Satz »Eurem Gott stecke ich den Finger in den Arsch« (den ich hier nur mit Widerwillen wiedergebe) ist die Entzivilisierung am Werk. Die Sprache kann durch das Argot wunderbar geerdet werden und das Vulgäre wie ein Vitaminstoß wirken, doch die Stufe null des geäußerten Worts verdient keinesfalls die Bezeichnung Argot und nicht einmal das Wort vulgär. Sich öffentlich zu äußern, heißt nicht, *sich gehen zu lassen*, es bedeutet, unter der Kontrolle des Über-Ichs zu sprechen, nicht im Sinne einer Selbstzensur, sondern um erwachsener zu werden. Wenn es die »junge Mädchenblüte«, wie mir immer wieder versichert wird, nur noch in Büchern zum Träumen für alte Männer gibt, und wenn das erbärmlichste skatologische Vokabular inzwischen die Sprache der sechzehnjährigen »Mädels« und »Buben« kennzeichnet, dann muss man für die junge Generation wieder dringend ein Über-Ich schaffen und dem Begriff wohlerzogen, den die leistungsorientierte Schule und das traditionelle Bürgertum bei ihrem Untergang mit in den Abgrund gezogen haben, zu neuer Ehre verhelfen. Was kann die Überschreitung von Anstandsregeln überhaupt noch in einer Welt bedeuten, wo diese Regeln nicht mehr geläufig sind? Wenn das Fehlen von Normen zur

Norm wird und jeder daherredet, wie es ihm gerade einfällt, dann bestehe »die beste Art der Republik zu dienen [...] darin, der Sprache wieder Kraft und Haltung zu verleihen«, schreibt Francis Ponge.

In meinem Buch *Die Niederlage des Denkens* hatte ich geschrieben, unsere Welt laufe Gefahr, zum Schauplatz einer furchtbaren und lächerlichen Auseinandersetzung zwischen Fanatikern und Zombies zu werden. Inzwischen sind wir an diesem Punkt angelangt. Der Fanatiker und der Zombie sitzen in demselben Sumpf krasser Obszönitäten, und Letzterer erleichtert dem Ersten seine Arbeit, denn selbst wenn er ihm Widerstand leistet, setzt er ihm im eigentlichen Sinn *nichts* entgegen. Man hat von Mila gesagt, sie sei eine würdige Erbin der Aufklärung. Die Arme braucht Hilfe statt Verehrung und kann unter einer solchen Idealisierung nur leiden. Die Aufklärung hat die Gedankenfreiheit in die Tat umgesetzt und dem Denken Form verliehen. Und durch diese Form wurde das Denken nicht »geschmückt«, sondern geläutert und sogar vertieft. Heutzutage herrscht Formlosigkeit, und sie breitet sich nach allen Seiten aus. Der öffentliche Raum hat seine Existenz verloren. Wie so viele andere sagt Mila allen alles, unterschiedslos und immer auf demselben Niveau. Denn wenn ich im neuen Jahrhundert ein glückliches Leben führen will, verstecke ich mich nicht mehr, im Gegenteil, ich gebe alles preis, lasse nichts im Dunkeln, weder meinen Speiseplan noch meine Schrullen, meine Launen, meine sexuelle Orientierung, meine Durchhänger, meine

Liebschaften oder meinen Geburtstag. Mit anderen Worten: Statt zwischen meinem Zimmer und dem Forum zu wechseln, mache ich mein Zimmer zum Forum, denn ich will auf keinen Fall inkognito bleiben. Wer unsichtbar ist, fühlt sich nicht mehr geschützt, sondern beerdigt. Wir erleben gerade eine unglaubliche anthropologische Revolution: Der Wunsch auf die Bühne zu treten, um jemand zu sein, siegt über das Schamgefühl.

Schamgefühl – einer der Schlüsselbegriffe der Neuzeit, wie Kundera in *Verratene Vermächtnisse* schreibt – ist die Freiheit, nicht sichtbar zu sein. Das Schamgefühl schließt die Schamlosigkeit des Eros nicht aus, es bewahrt sie vor fremden Blicken. Es verurteilt die Sinnenfreude nicht, sondern hütet sorgsam ihre Intimität: »Die Scham: eine epidermische Reaktion, um das eigene Privatleben zu verteidigen; um einen Vorhang vor dem Fenster zu verlangen; um darauf zu bestehen, dass ein an A adressierter Brief nicht von B gelesen wird. Eine der elementaren Situationen des Übergangs zum Erwachsenenalter, einer der ersten Konflikte mit den Eltern ist der Anspruch auf eine Schublade für die eigenen Briefe und Tagebücher, der Anspruch auf eine abschließbare Schublade; man tritt in das Erwachsenenalter ein *durch die Revolte der Scham.*« In unserer Zeit tritt man in dieses Alter ein, indem man die Schublade aufzieht und ihren gesamten Inhalt auf Facebook oder Instagram ausbreitet. Man kann auf den Schlüssel verzichten, man braucht nur den Bildschirm. Kundera fügt hinzu, dass »das Private und das Öffentliche zwei grundlegend verschiedene Welten sind und die Respektierung dieser Verschiedenheit die Conditio *sine qua non* ist, damit ein Mensch als freier Mensch leben kann; dass man an dem Vorhang, der diese beiden Welten trennt, nicht rühren darf und diejenigen, die ihn abreißen, Verbrecher sind«.

Müssen wir von der Neuzeit in der Vergangenheit sprechen? Wird die Vermischung des Öffentlichen mit dem Privaten für das eine wie das andere der Todesstoß sein? Auf jeden Fall gilt: Wenn es nicht die Betroffenen selbst sind, die den schützenden Vorhang herunterreißen, so übernehmen das böswillige andere. Im Rahmen einer privaten Kommunikation via Internet schickte Benjamin Griveaux, damals noch nicht Kandidat der Partei des Präsidenten für das Bürgermeisteramt von Paris, seiner Geliebten ein Foto seines erigierten Penis. Das Video, das er nur an diese Adressatin geschickt hatte, war so programmiert, dass es sich nach wenigen Minuten selbst löschen sollte. Ohne Wissen des Absenders wurde es gespeichert und zwei Jahre später den grauenvollen sozialen Netzwerken zum Fraß vorgeworfen. Diese »Verbreitung pornografischer Inhalte« (noch so ein Wort und so eine Praxis der neuen Welt) setzte der politischen Karriere von Benjamin Griveaux ein Ende. In schöner Einmütigkeit empörten sich die Kommentatoren über die beispiellose Verletzung der Privatsphäre eines Menschen. Doch während sie einerseits, sogar oft entsetzt, beklagten, wie hier eine Grenze überschritten wurde, tadelten viele von ihnen den Leichtsinn des ertappten Politikers und prangerten seine Doppelzüngigkeit an, weil er sich als guter Familienvater dargestellt hatte. Er hätte so etwas voraussehen müssen, er sei mithin »ein Vollidiot«, urteilte der ehemalige Direktor der Zeitung *Libération*. Und der Kolumnist Christophe Barbier sprach vom »persönlichen Scheitern eines Menschen, der seine Hybris nicht unter Kontrolle hatte und nun bekommen hat, was er verdient«.

Da die neuen Technologien ganz demokratisch die Werkzeuge für Überwachung und Piraterie dem ersten besten »Künstler« zur Verfügung stellen, ist es an uns, ständig auf der Hut zu sein, wenn wir nicht zum Opfer irgendeiner Intrige werden wollen. Wer in einem Universum, in dem jeder seine eigene Stasi gründen kann, nicht paranoid ist, ist nicht gesellschaftsfähig. Man muss krank sein, um sich nicht ausspioniert zu fühlen. Das allumfassende Misstrauen wird zum Kitt des Zusammenlebens. Wenn man seine Privatsphäre nicht selbst preisgibt, wird sie von anderen gnadenlos geplündert; in beiden Fällen ist sie dem Untergang geweiht. Bald bleibt uns von ihr nur noch eine blasse Erinnerung.

Der Selbstmord
von Notre-Dame

EIN STUDENT, der vom Ufer der Seine aus den Brand von Notre-Dame beobachtete, vertraute einer Journalistin von *Le Monde* seine Gefühle dabei an: »Da geht ein Teil von mir zugrunde.« Katholisch oder nicht, gläubig oder ungläubig, einheimischer Franzose oder frischgebackener Staatsbürger, viele von uns haben dasselbe empfunden. Notre-Dame de Paris – nicht dass wir jeden Tag an diese Kathedrale denken, aber sie bereichert unser irdisches Leben durch ihre Schönheit und ihre Spiritualität.

»Notre-Dame, unsere Geschichte« titelte *Le Monde* am Tag nach der Katastrophe. Man tritt dieser Zeitung nicht zu nahe, wenn man sagt, dass sie zu den eloquentesten Vertretern der postidentitären und postnationalen Moral gehört. Im Namen des »Nie wieder!« hat man mit dieser Moral die Geschichte für die Werte, die Identität für das Universale aufgegeben. Der deutsche Soziologe Ulrich Beck formuliert diese Devise so: »Substanzielle Leere, radikale Öffnung.« Und nun entdecken die Anhänger der Öffnung selbst die Tugenden der Substanz. Notre-Dame ist keine Abstraktion, sie ist eine greifbare Spur der Vergangenheit, und wir ertragen es nicht zu sehen, wie sie untergeht. Die Zivilisation verkörpert sich in den Dingen.

Wir sind nicht bloß Arbeitnehmende und Konsumenten, für die das Leben das höchste Gut ist, wir sind auch Bewohner. Vom Ideal des Überflusses geleitet, brauchen wir, um menschlich zu leben, eine Welt, in der wir wohnen. Was aber ist die Welt? Sie ist, um mit Paul Ricœur zu sprechen, »die Gesamtheit der dauerhaften Objekte, die der Erosion der Zeit widerstehen«. Und nun, da das schwer beschädigte Bauwerk wiederhergestellt wird, besinnt sich die »Start-up-Nation« auf das traditionelle Handwerk: Steinmetz, Maurer, Zimmerer, Dachdecker …

Damit aber das Gefühl, das uns überkommt, auch Konsequenzen hat, müsste die Politik wieder die Aufgabe übernehmen, unsere rundum verunstaltete Welt bewohnbar zu machen. Heute wird jedoch nicht mehr Politik, gleich welcher Couleur, gemacht, sondern stattdessen der Ablauf des gesellschaftlichen Lebens verwaltet. Wenn man sieht, wie die Mandatsträger die Zentren der Städte zugunsten scheußlicher Gewerbegebiete ausbluten lassen und das Land durch wummernde Windradmonster in eine Industrielandschaft verwandeln, dann wird klar, dass die Bewohnbarkeit nicht ihr Herzensanliegen ist. Und die Bürgermeisterin von Paris geht mit ihrem Beispiel voran: Nicht zufrieden damit, die Hauptstadt durch unsinnig viele Baustellen ohne Bauarbeiter zu verschandeln oder sie mit diesen grauenhaften gelben Markierungen zur Sicherung der Fahrradwege zu entstellen, verspricht sie auch noch, die Kathedrale Notre-Dame werde für die Olympischen Spiele im Jahr 2024 startklar sein. Anne Hidalgo setzt nämlich auf den Tourismus. Das Kulturgut reduziert sich für sie auf den berechenbaren ökonomischen Wert im globalen Wettbewerb. In unserer Fassungslosigkeit und Trauer angesichts der Brandkatastrophe hatten wir die Konsumwelt hinter uns gelassen: Die Bürgermeisterin holt uns zurück.

Noch etwas anderes bedrohte die zerstörte Kathedrale: ein Wiederaufbau nach den Kriterien der zeitgenössischen Ästhetik. Die zeitgenössische Kunst ist nämlich nicht, wie sie behauptet, die Negation des Akademismus. Sie ist die Negation der modernen Kunst. Mit ihren idiotischen Performance-Aktionen, ihren schrillen Spielzeugen oder ihren Installationen mit Botschaft führen die Künstler, denen der Markt das Label »zeitgenössisch« anhängt, nicht etwa die Geschichte der Schönheit fort, sie setzen ihr ein Ende. Paul McCarthy und Jeff Koons sind nicht die Nachfolger von Picasso, Matisse oder Paul Klee, sondern ihre Konkursverwalter. Und was die zeitgenössischen Architekten betrifft, so scheren sie sich (von wenigen Ausnahmen abgesehen) kaum um den Geist des Orts. Was angemessen wäre, lässt sie ziemlich kalt. Sie wollen der Sache ihren Stempel aufdrücken. Die Glaspyramide im Innenhof des Louvre – dieses gläserne Zelt – ist ein Meteorit, der abgestürzte Überrest einer unbekannten Katastrophe. Gewiss, wir haben uns an sie gewöhnt, aber seit wann ist die Gewohnheit ein ästhetischer Wert?

Am Ende ist Paris noch einmal davongekommen. Zu dem vom französischen Präsidenten geforderten »zeitgenössischen architektonischen Gestus« wird es nicht kommen. Der Dachreiter des Architekten Viollet-le-Duc wird detailgetreu wiederaufgebaut. Nach allen Diskussionen sind die Gefahren gebannt: Notre-Dame wird kein *rooftop*, keine Glasüberdachung mit Umgang hoch über Paris bekommen, keine Bäume werden dort oben unter freiem Himmel wachsen, kein Laserstrahl zum Himmel leuchten, keine Dachkonstruktion aus Baccarat-Kristall zu bewundern sein. Auch in der Geschenkverpackung als künstlerische Innovation hat der modische Schick und Schock nicht das letzte Wort gehabt. Doch lassen wir uns nicht täuschen: Der Brand von Notre-Dame war weder ein Attentat noch ein Unfall, das war Selbstmord. Vom Hypertourismus ausgelaugt, depressiv nach Milliarden von Selfies mit ihr als Hintergrund und eingekreist von Hässlichkeit, wollte die Kathedrale ihrem Leben ein Ende setzen. Wenn wir es nicht fertigbringen, uns der Tragödie würdig zu erweisen, wird sie es erneut versuchen.

Schlussklappe

UNTER DEM SCHOCK der Weinstein-Affäre und des Mordes an George Floyd hat die Oscar-Akademie am 8. September 2020 einen neuen Kriterienkatalog für die Aufnahme in die Kategorie »bester Film« vorgelegt. Um das Diversitätssiegel zu erhalten, muss ein filmisches Werk mindestens zwei der drei folgenden Forderungen erfüllen: Der Darsteller einer Hauptrolle oder einer wichtigen Nebenrolle muss einer »rassischen« oder ethnischen Minderheit angehören; mindestens 30 Prozent der Nebendarsteller müssen aus zwei unterrepräsentierten Gruppen stammen, wie »Schwarzen, Latinos, Frauen, Personen, die sich selbst als LGBTQIA+ identifizieren oder Behinderten«; die Haupthandlung, das Thema oder das Narrativ muss auf eine Minderheitengruppe ausgerichtet sein.

Für Hollywood gilt also, dass die Filmemacher ihre Personen nicht mehr frei erfinden dürfen und die Personen selbst nicht mehr die Freiheit haben, Persönlichkeiten zu sein: Sie werden zu Muster-

exemplaren degradiert. Nichts Böses mehr, keinerlei
Zweideutigkeit wird denen, die Minderheiten reprä-
sentieren, noch zugestanden. Diese Repräsentanten
ihrer Gruppe müssen durch ihr exemplarisches Verhalten die Vorurteile der Zuschauer überwinden.
Erneut überlagert Propaganda die Kunst. Und dieser
Zwang geht nicht von einem totalitären Staat aus, er
wird von der Filmindustrie selbst dekretiert und
praktiziert.

Leider ist Frankreich dabei mit den USA im Einklang. Hier wie dort entwickeln die Musenfeinde zu
unser aller Wohl ein potemkinsches Kino. Der Vorsitzende des »Conseil supérieur de l'audiovisuel«,
des unabhängigen Gremiums zur Kontrolle des re-
gelgerechten Verhaltens in Rundfunk und Fernsehen, will seinerseits die Diversität fördern: »Nur 15
Prozent der dargestellten Personen werden als ›nicht
weiß‹ wahrgenommen. Es gibt noch viel zu tun,
selbst wenn Fortschritte in den Serien und Spielfil-
men feststellbar sind und die als ›Nichtweiße‹ wahr-
genommenen Personen zunehmend positive Rollen
innehaben.« In den Medien, die bei ihrer Unterstützung für die Zeitschrift *Charlie Hebdo* allesamt ihre
unerschütterliche Freiheitsliebe betont hatten, hat
sich über diese Erklärung niemand erregt.

Zur gleichen Zeit verkündeten Agatha Christies
Erben ihren Entschluss, den Titel eines der Romane,
Ten Little Niggers (*Zehn kleine Negerlein*), abzuän-
dern. Joseph Conrads Meisterwerk *Der Nigger von
der Narcissus* wird demnächst dasselbe Schicksal
ereilen. Und man wird auch nicht ewig hinnehmen,

dass das Wort »Rasse« in den Werken von Racine, Malherbe und Péguy einen so zentralen Platz einnimmt. Die Vertreter des zeitgenössischen Antirassismus, die sich dem pausenlosen Kampf gegen das Vergessen verschrieben haben, sind dermaßen auf ihren großen Gegner fixiert, dass sie an Gedächtnisverlust leiden und »Rasse« nur in der idiotischen und kriminellen Bedeutung des biologischen Rassismus verstehen. Die Toten haben Grund zur Beunruhigung: Die *sensitivity readers*, die in den amerikanischen Verlagshäusern die Manuskripte glatt bürsten, werden eines Tages die Vergangenheit einer Verjüngungskur unterziehen und die alten Texte so säubern, dass sie den Normen der Gegenwart entsprechen, denn die beansprucht für sich, mit der Diversität die Lösung für das Problem der Menschheit in den Händen zu halten. Man wird die Wahrheit des Lebens nicht in Büchern suchen, sondern überprüfen, ob sie mit dem Vokabular, das man verwendet, und mit den Prinzipien, die man verkündet, im Einklang stehen. Voller Stolz auf ihre unübertreffliche Offenheit schottet diese Gegenwart sich endgültig gegen alles ab, was anders ist; man kämpft unablässig gegen die Diskriminierung und blickt doch bei allen Menschen auf nichts anderes mehr als Hautfarbe und Herkunft.

»Die Wirkung der Literatur auf die Menschen gelten lassen«, schrieb Emmanuel Lévinas, »das ist vielleicht die höchste Weisheit des Abendlands.« Durch die Wirkung des politisch Korrekten auf die fiktionale Literatur der Vergangenheit, Gegenwart und Zukunft verabschiedet sich Europa von sich selbst.

Es verabschiedet sich endgültig, es sagt nicht Auf Wiedersehen. Es steht nämlich zu befürchten, dass diese »Große Korrekturkampagne« kein vorübergehender Wahn ist, der durch Auswüchse bald in Misskredit gerät, wie so viele intellektuelle Moden, sondern die ideologische Begleiterscheinung einer unaufhaltsamen Entwicklung: der Enteuropäisierung der Neuen Welt und des Alten Kontinents.

V Missachtung der Schönheit

Blinder Umweltschutz

WIE DER DICHTER UND DENKER Octavio Paz
feststellt: »Jede Gesellschaft gründet sich auf einen
Namen, ihren wahren Grundstein.« Der Name teilt
die Welt in zwei Hälften: Christen/Heiden; Mus-
lime/Ungläubige; Wir und die Anderen. Unsere Gesellschaft macht da keine Ausnahme. Sie scheidet
das Alte vom Modernen. Das ist das Gleiche, aber
auch etwas ganz anderes. Wir sind die Ersten, die
sich statt eines nicht zeitgebundenen Prinzips die
Zeit und ihre Veränderungen als Universalideal ausgesucht haben. Unsere Zivilisation ist nicht statisch,
sondern dynamisch. Sie steht nicht fest, sie geht voran, sie ist in Bewegung.

Um es mit Ernest Renans Worten in *L'Avenir de
la science* (»Die Zukunft der Wissenschaft«) zu sagen, »sie betrachtet alles unter der Kategorie des
Werdens«. Kurz gesagt, sie versteht sich nicht als etwas, das ist, sondern als etwas, das wird: als einen
Entwurf, das von Descartes und Bacon im 17. Jahrhundert formulierte Vorhaben, sich zum Herrscher

und Besitzer der Natur zu machen, um Not und
Leid der Menschheit zu überwinden. Dieses Unterfangen hat etwas Grandioses, und, so illusionslos
wir in unserer Epoche auch geworden sein mögen,
man darf nie den Ehrenplatz vergessen, den George
Eliot ihm in *Middlemarch* einräumt: »Caleb Garth
schüttelte oft den Kopf beim Erwägen des Werts
und der unverzichtbaren Macht der tausendfältig-
köpfigen und tausendfältighändigen Arbeit, mittels
derer die Gesellschaft als Ganzes ernährt, gekleidet
und behaust wird. Schon in Jugendjahren hatte ihn
das fasziniert. Der Widerhall des großen Hammers
beim Fertigen von Dächern oder Schiffen, die Rufe
der Arbeiter, das Dröhnen des Schmelzofens, das
Donnern und Spritzen der Dampfmaschine waren
herrliche Musik in seinen Ohren; das Fällen und
Verladen von Bauholz und der gewaltige Baum-
stamm, der in der Ferne auf der Landstraße wie ein
Stern bebte, der Kran am Kai, die gestapelten Waren in den Lagerräumen, die Genauigkeit und Verschiedenartigkeit körperlicher Anstrengung, wenn
es darum ging, gute Arbeit zu leisten – all diese Erlebnisse seiner Jugend hatten auf ihn gewirkt wie
Dichtung ohne Hilfe der Dichter, hatten ihm eine
Philosophie geschaffen ohne Hilfe der Philosophen,
eine Religion ohne Hilfe der Theologie. Sein früher
Ehrgeiz war gewesen, sich so nützlich wie möglich
an dieser herrlichen Arbeit zu beteiligen, die er mit
dem Begriff ›Geschäft‹ würdigte.«

Was diese Arbeit so herrlich macht, ist die Mühe,
die vereint unternommen wird, damit die Erde nicht

länger ein Tal der Tränen ist. Die Segnungen des Fortschritts verdienen unsere Dankbarkeit: Wir müssen ihm unendlich dankbar sein. »Er hat«, wie Régis Debray richtig sagte, »indem er die Natur und die ihr innewohnende Gewalt bezwang, die Werkzeuge für unser hartnäckiges Überleben geschmiedet.« Doch heute fleht die Erde um Erbarmen, und der Himmel macht, was er will. Je leistungsfähiger die Technik ist, desto düsterer wird die Zukunft. Gestern noch eroberte uns der Fortschritt die Welt, heute wird er zum unbeherrschbaren Zwang. Alles funktioniert und läuft gleichzeitig aus dem Ruder. Alles hängt vom Menschen ab, selbst das Wetter, und nichts funktioniert so, wie er will. Die Natur betritt die Bühne der Geschichte, und das ist keine gute Nachricht, denn die Lokomotive der Geschichte hat keinen Lokführer.

Am 25. Juli 2019 titelte die Schweizer Tageszeitung *Le Temps*: »Der Mensch hat ein Klimamonster erschaffen.« Mit anderen Worten, der Mensch macht das Wetter, aber diese Fähigkeit ist sein Verhängnis. Durch seine Absicht, die Schöpfung für sich in Besitz zu nehmen, hatte der Mensch der Moderne die Nachfolge des Prometheus angetreten, doch jetzt, da er Monster erschafft, denkt man eher an Frankenstein. Im Anfang war die Menschheit stolz darauf, gesetzte Grenzen mit einem beherzten Schritt zu überwinden und – mit Victor Hugo – das Unmögliche als ständig zurückweichende Grenze zu betrachten. Mittlerweile verdammt sie nach dem Vorbild der Antike ihre Hybris und entdeckt unfreiwillig die Tugend des Maßhaltens neu. Selbst die Fortschrittsgläubigen fragen sich, wie wir unsere Herrschaft beherrschen könnten, und bemühen sich, die Schäden des Fortschritts zu reparieren. Weil aus Verheißung drohende Vernichtung geworden ist, suchen sie nach Alternativen zur schmutzigen Energie. Daher rührt ihre Begeisterung für Windräder, die eine Verlangsamung der Klimaerwärmung ermöglichen, indem sie die Emission von Treibhausgasen begrenzen. Und die Zahlen geben ihnen recht.

Aber Zahlen sind nicht alles. Nicht alles ist quantifizierbar: nicht der Anblick der Dinge, wie sie vor einer mathematischen Umsetzung aussehen, nicht die Wirklichkeit, so wie sie den Augen erscheint. Eine zur Ökologie bekehrte Wissenschaft kann sehr hilfreich sein; damit aber die Erde bewohnbar bleibt, darf man der Wissenschaft nicht das Monopol der Wahrheit überlassen. »Überall schießen die Windräder wie Pilze aus dem Boden«, schreibt Renaud Camus. »Nichts ist für den Menschen trostloser als diese bleichen Vogelmörder. Sie zeigen ihm, dass er eingekesselt ist, dass es keinen Ausweg mehr gibt, nichts Abwesendes mehr, keine Transzendenz, keine Höhen, auf denen die Götter gegenwärtiger sind. Und es ist seine eigene Gattung, die ihn in diesen Kerker zwingt. [...] Die Urheber dieses Grauens behaupten, dass sie diese Gitterstäbe nur errichten, um den Planeten zu retten, doch wozu will man einen Planeten retten, wenn man ihn dadurch in ein düsteres Verlies verwandelt?« Und Renaud Camus fragt auch: »Warum will man gegen die Erderwärmung kämpfen, wenn man dadurch eine infernalische Welt erschafft, industrialisiert bis in die entlegensten Winkel und bis aufs hohe Meer, eine Welt, in der die Seele hoffnungslos verloren ist?«

Die Windräder, »Äolsharfen« der Moderne, haben nichts von den äolischen Winden an sich, nichts Göttliches, nichts Luftiges. Auch keine bukolische Schönheit, sondern die allseits um sich greifende Hässlichkeit, sie sind ein Gegenpol ländlicher Idylle. Angesichts dieser dröhnenden Turbinen, dieser in Schlachtordnung aufgestellten Mastodonten, dieser »Sinnbilder der Überwältigung des Menschen«, die man als Windmühlen der Moderne ausgibt, müsste man Don Quichotte hellsichtig nennen – und die auf die realen Schäden der fossilen Energie fixierten Umweltschützer verblendet. Dabei wäre es ein Irrtum, sie der Schwarzmalerei zu bezichtigen. Wenn man sieht, wie die Bodenvernutzung rasant zunimmt, der Urwald im Amazonasgebiet stirbt, das Bevölkerungswachstum außer Kontrolle gerät, die Vorstädte sich in die Landschaft fressen, die industrielle Landwirtschaft die Umwelt vergewaltigt, die Gletscher schmelzen, der Meeresspiegel steigt, Dürren die Wüsten wachsen lassen, dann ist das Erschrecken darüber nicht krankhaft. Wer alles so untergehen sieht und dann Menschen diffamiert, die ein drohender Weltuntergang ängstigt, muss schon über den atemberaubenden Optimismus des Pangloss im *Candide* verfügen. Was man den amtlichen Umweltschützern dagegen vorwerfen kann, ist, dass sie mit ihren Maßnahmen die Verwüstung der Erde nicht verhindern, sondern noch verschlimmern. »Wir sind heute dem Unheil näher als selbst die Sturmglocke«, sagte René Char. Und dazu kommt, dass diejenigen, die die Glocke läuten, noch zur Katastrophe beitragen, vor der sie warnen. Sie nehmen für sich in Anspruch, Äolus, den Gott der Winde, zu neuem Leben zu erwecken, und zerstören Kretas Landschaft, um die Energiewende zu beschleunigen: »Diese Berge sind unser Naturerbe, unsere Kultur, unsere Ernährungsgrundlage, unsere Geschichte – gegen alle Besatzungsmächte auf der Insel dienten sie unseren Widerstandskämpfern als Zuflucht«, erklärt eine Apothekerin aus dem Städtchen Zakros. »Wie soll man Außenstehenden verständlich machen, dass die grüne Energie für uns zum Albtraum geworden ist, jetzt, wo immer neue Projekte entstehen?«

In der Tat, wie soll man die richtigen Worte finden, wenn die Seinssorge sich inzwischen nur noch in der Sprache der Seinsvergessenheit äußert? Man kennt nicht mehr den verschwenderischen Reichtum der Natur, sondern nur noch Biosphäre, Biodiversität, CO_2-Bilanz. Wegen der Umweltprobleme vernachlässigt man die Betrachtung und die Erhaltung der Landschaft. Man will seine Zeit nicht mit der Schönheit der Erde verschwenden, wenn das Haus in Flammen steht. Da zudem Personen ihre Ablehnung von Windrädern kundgetan haben, die der Rechten und sogar der extremen Rechten zugerechnet werden, sehen die wachsamen Bürger vor ihrem geistigen Auge schon antifaschistische Windräder rotieren.

»Das Sein ist das, was Schöpfungen von uns verlangt, damit wir es erfahren können«, schrieb Merleau-Ponty. Dementsprechend kann man sagen: Die
Natur – wild oder kultiviert – braucht Dichter, damit wir sie sehen und bewundern können. Aber,
und das ist tragisch und nicht sichtbar, die »Botschafter der stummen Welt«, wie Francis Ponge sie
nennt, sind verschwunden. Vergil, Ronsard, Words-
worth, Hölderlin, Ponge, Bonnefoy, Jaccottet, die
unseren Blick lenken könnten, gibt es nicht mehr.
Keine Spur von Poesie bei den neuen ökologischen
Amtsträgern, die gegenwärtig, auf dem Weg zu noch
höheren Weihen, an der Spitze mehrerer französischer Großstädte stehen. Ihre Sorge gilt nicht der
Anmut der Dinge. Ihre Prioritäten sehen anders aus.
Sie stellen lieber Elektroroller auf den Straßen ab,
gestalten Pausenhöfe gendergerecht und mit Gemü-
sebeeten oder verbannen die Tour de France aus
ihren Mauern, als umweltverschmutzendes Macho-
Sport-Ereignis für Spießer, die auf dem Sofa
lümmeln, Chips mampfen und ein kühles Bier zi-
schen. Das Grün der Grünen ist nicht mehr die
Farbe der Natur, sondern bedeutet ressourcenscho-
nende Mobilität, riesige Moscheen und inklusives
Schreiben. Dieselben Menschen, die nicht mitanse-
hen wollen, wie das Land den Erstickungstod stirbt,
massakrieren seine Sprache unbekümmert mit Gen-
derdoppelpunkten. »Die Poesie könnte aus der Welt
verschwinden«, schrieb Victor Hugo einst, »und ein
Herr Thiers [er schlug den Aufstand der Pariser
Kommune blutig nieder] würde das genauso wenig

bemerken wie der Blinde das Erlöschen des Sonnenlichts.« Es ist erloschen, und die Umweltschützer, diese Nachfahren des Herrn Thiers, die sich selbst für die Erben der Pariser Kommune halten, haben nichts gesehen. Den frei gewordenen Platz hat nun Greta Thunberg eingenommen.

Mit diesem jungen Mädchen aus Schweden und ihrem wöchentlichen Schulstreik zur Rettung der Erde hat die Jugend das Umweltproblem an sich gerissen. Allerdings, wie Primo Levi in *Die Untergegangenen und die Geretteten* schrieb, »... junge Menschen wollen Klarheit, einen sauberen Schnitt; da ihre Erfahrung mit der Welt noch gering ist, lieben sie keine Doppelbödigkeit«. Und ebenso wenig die Komplexität. Sie sind zu leidenschaftlich, um sich Zeit zum Nachdenken zu lassen, und zu ungeduldig, um zu akzeptieren, dass manche Dinge kaum zu entwirren sind, sodass sie nie Probleme und in allen Situationen nur eine Auseinandersetzung zwischen Gerechten und Drecksäcken sehen. In die Politik treten sie durch die Tür der Empörung ein, und was den Umweltschutz, in den sie schon vom Grundschulalter an eingeführt werden, so anziehend für sie macht, ist das scheinbar Eindeutige in diesem Kampf. Wenn sie sich für das Klima engagieren, schlagen sie zwei Fliegen mit einer Klappe: Sie verteidigen die Wahrheit und die Gerechtigkeit, und gleichzeitig gehorchen sie den Geboten der Wissenschaft und des Gewissens. Der Lyrismus der Jugend verabschiedet sich von der Prosa der Politik und von der Poesie gleich dazu. Die Prosa, das sind die Zwickmühlen, die wirklich kniffligen Probleme, die heikle Abwägung, ob man zum Beispiel, um den Ausstoß von Kohlendioxid zu bremsen, die Kernenergie ablehnen oder vorantreiben soll; oder die zermürbende Erkenntnis, dass einerseits, wenn wir den Himmel über Europa entgiften wollen, die seltenen Erden für den Betrieb von Elektroautos, Windrädern und Solarzellen unverzichtbar sind, und dass andererseits durch den Abbau dieser Erden im großen Maßstab die Umweltverschmutzung und Umweltkrankheiten in den Herkunftsländern zunehmen. »Ihr habt uns unsere Kindheit und unsere Träume gestohlen. *How dare you!*«, werfen die Jugendlichen der alten Generation vor, und ihre Wut wird durch keinerlei Ratlosigkeit gemäßigt. Die Welt reduziert sich auf die Konfrontation zwischen einem lebensbedrohlichen Übel und dem Guten, das ihm mit der ganzen Macht der Unbestreitbarkeit entgegentritt. Mit der Evidenz im Rücken kann man mit FFF (»Fridays for Future«) seinem heiligen Zorn freie Bahn lassen.

Die jungen Menschen finden nicht die Worte, die ihnen die Augen für die komplexe und vielfältige Wirklichkeit öffnen würden, weil die Schule ihnen diese Wörter nicht mehr zur Verfügung stellt. Wenn die Lehrer zu ihrer Verantwortung stünden, würden sie jeden Tag der Woche dieser Aufgabe widmen, statt die abstrakten Forderungen der Jugend ehrfürchtig zur Kenntnis zu nehmen und sich von einer so bildungsfernen Parole einschüchtern zu lassen wie: »Wir machen unsere Hausaufgaben, wenn ihr

167

eure macht.« Sie würden im Unterricht keine aktivistischen Kämpfe führen und keine Flugblätter mit ihren Schülern verfassen, sondern ihnen folgende Beschreibung des Frühlings von Chateaubriand immer wieder zu lesen geben: »Der Frühling ist in der Bretagne milder als in der Umgebung von Paris, es blüht dort alles schon drei Wochen früher. Die fünf Vögel, die ihn ankündigen, die Schwalbe, der Pirol, der Kuckuck, die Wachtel und die Nachtigall, stellen sich zusammen mit den lauen Winden ein, die in den Buchten der armorikanischen Halbinsel zuhause sind. Die Erde bedeckt sich mit Margeriten, Stiefmütterchen, gelben und weißen Narzissen, Hyazinthen, Hahnenfuß und Anemonen wie die einsamen Gefilde um San Giovanni in Laterano und Santa Croce di Gerusalemme in Rom. Die Waldwiesen schmücken sich mit hohen schlanken Farnkräutern; der Ginster prangt in solcher Blütenpracht, dass man an goldene Schmetterlinge denkt. Die Hecken, von einer Fülle von Erdbeeren, Himbeeren und Veilchen umwachsen, sind mit Weißdorn, Geißblatt und Brombeersträuchern geziert, an deren braunen, gebogenen Schösslingen Blätter und herrliche Früchte sprießen. Alles wimmelt von Bienen und Vögeln; ihre Schwärme und Nester bringen die Kinder auf Schritt und Tritt zum Stehenbleiben. In manchen geschützten Lagen wachsen wie in Griechenland Myrten und Oleander auf freiem Feld; die Feige reift wie in der Provence; mit seinen karmesinroten Blüten gleicht jeder Apfelbaum einem großen ländlichen Brautstrauß.«

Mit diesem Feuerwerk präziser Bezeichnungen gibt man den Kindern die Mittel an die Hand, sich dem alles einebnenden Neusprech zu widersetzen, der ihre Sensibilität einlullt, während er doch den Anspruch erhebt, sie für drängende Aufgaben zu sensibilisieren. Die Ökologie könnte dann nämlich etwas anderes bedeuten als das gegenwärtige unaufhörliche Werben für Kompostierung, nachhaltige Entwicklung und Mülltrennung, während sie gleichzeitig zum Instrument der Verwüstung unserer Erde gemacht wird.

Im November 2019 hielt im neuseeländischen Parlament eine 25-jährige Abgeordnete eine Rede über Treibhausgase. Auf den Zwischenruf eines älteren Kollegen hin unterbrach sie ihre Rede, fixierte ihn, sagte: »O.k. *Boomer*«, und fuhr dann fort, als wäre nichts gewesen. Ihre Reaktion, die sofort viral ging, drückt den ganzen Frust der jungen gegenüber der älteren, verantwortungslosen Generation aus. »*Boomer!* Verwöhntes Kind der Wirtschaftswunderzeiten! Hemmungsloser Konsument! Unbelehrbarer Umweltverschmutzer! Maßloser Egoist! Du hinterlässt uns eine Hypothek auf die Zukunft, weil du dich aufgeführt hast, als gehörte dir alles, und nach dir die Sintflut! Diese Welt, die du durch deine Maßnahmen beziehungsweise deine Versäumnisse heruntergewirtschaftet hast, wirst du bald verlassen! Bis dahin, schlaf weiter! Du hast schon genug angerichtet! Du hast kein Recht mehr zu reden!« Die Arroganz dieser Haltung, mit der man die ältere Generation einfach vom Tisch wischen will, sollte hinterfragt werden.

Jacinda Ardern, Premierministerin von Neuseeland, hat gerade mit ihren jungen irischen und schottischen Kolleginnen eine Allianz für eine *Wirtschaft des gesellschaftlichen Wohlbefindens* ins Leben gerufen. Ihr erstes *Wellbeing Budget* berücksichtigt sechzig Merkmale, die insbesondere auf die Verbesserung des Gesundheitswesens, die Reduzierung von Ungleichheiten und den Umweltschutz zielen. Niemand kann, ohne sich in die Tasche zu lügen, den Trieb zum eigenen Wohlbefinden verurteilen. Jeder Mensch verspürt ihn. Er ist allen Menschen gemein. Das Problem entsteht erst, wenn dieser Trieb nicht nur vorherrschend wird, sondern, wie Tocqueville sagt, zur ausschließlichen Leidenschaft unserer Demokratien. Das geschieht derzeit, indem die Diskussion über das Gemeinwohl auf zwei Anschauungen von Wohlbefinden reduziert wird: In der einen hat die Gesundheit die Priorität, in der anderen träumt man von nichts als Überfluss; in der einen sorgt man vor, in der anderen wird verschwendet. Vor die Wahl gestellt, entscheidet man sich natürlich für die Erstere. Deren Vertreter sparen Energie, trennen Müll unter den wachsamen Augen ihrer Kinder und fahren Fahrrad, um sich am Kampf gegen die Erderwärmung zu beteiligen. Sie denken an das Morgen. Doch wie ihre Gegner, die sie mit Recht der Leichtfertigkeit beschuldigen, folgen sie dem, was Hannah Arendt als das »Postulat« der Neuzeit bezeichnete, dass das Leben, nicht die Welt, »der Güter höchstes ist«.

Eine Umweltinitiative hat gefordert, Werbetafeln künftig mit einem Warnhinweis zu versehen, der lauten sollte: Brauchen Sie das wirklich? Gute Frage: Wer braucht eine Louis-Vuitton-Handtasche, eine Rolex, das neueste Smartphone, goldene Nike-Schuhe? Doch eine zusätzliche Frage fällt dabei unter den Tisch: Was ist mit dem Schaden, den man dort anrichtet, wo die bunte Werbung für die großen Marken angebracht wird? Würde die *Ideale Landschaft* von Poussin noch diesen Titel haben, wenn Samsung sie in Beschlag genommen hätte? Und, um ein letztes Mal auf die sauberen Energien zurückzukommen, hätte Cézanne so viele Bilder von einem Berg Sainte-Victoire gemalt, den man mit Windrädern zugepflastert hätte?

Die Maler, auch sie Botschafter der stummen Welt, erleiden dasselbe Schicksal wie die Dichter: Sie haben kein Mitspracherecht mehr. Gnadenlos aus der Gemeinschaft vertrieben und in der Öffentlichkeit ersetzt durch die schrillen Spielzeuge, die belehrenden Installationen oder die Konzept-Performances der Gegenwartskunst, sind sie nun nicht mehr da, um uns das Staunen zu lehren. Erfahren wird nur noch, was sich auf unser Leben bezieht, und die Schönheit der Welt, ihrer Botschafter beraubt, geht stumm zugrunde.

Tierliebe auf Abwegen

DIE BAUERN STANDEN lange Zeit abseits des großen prometheischen Unternehmens, das George Eliot so bewunderte. Seit Urzeiten stellten sie die Abweichung von der Regel allgemeiner Betriebsamkeit dar. Das Wort Kultur, das man auf ihre Arbeit anwandte, stand für das, was Hannah Arendt als das »liebevoll pflegende Bewahren« bezeichnet, im deutlichen Gegensatz zu allen Bemühungen, die Natur der Herrschaft des Menschen zu unterwerfen. Die Entwicklung in der zweiten Hälfte des 20. Jahrhunderts hat mit diesem Anachronismus aufgeräumt. Es gab eine Revolution: die industrielle Landwirtschaft und Tierhaltung. Der Landmann hat aufgehört, dem Ehrgeiz des Städters im Weg zu stehen oder ihm Grenzen zu setzen. Er hat sich ihnen in seiner Arbeitsweise angeglichen. Schon 1948 erkannte Paul Claudel die verborgene, die apokalyptische Seite dieser »erhabenen« Arbeit mit Tieren: »Heute ist die Kuh ein lebendes Labor, an einem Ende führt man die Nahrung zu, am anderen

Ende wird – maschinell – gemolken. Das Schwein ist ein hochgezüchtetes Produkt, das Speck in *Standardqualität* liefert. Das frei laufende, abenteuerlustige Huhn wird eingesperrt und wissenschaftlich gemästet. Das Ausbrüten der Eier wird nach den Gesetzen der Mathematik gesteuert. Jede Art wird separat und in Serie gezüchtet. [...] Was hat man mit diesen armen dienstbaren Kreaturen angestellt? Der Mensch hat sie erbarmungslos ausrangiert. Die Verbindung zwischen ihnen und uns gibt es nicht mehr. Und denen, die der Mensch bei sich behalten hat, hat er die Seele genommen. Jetzt sind sie Maschinen; der Mensch hat das Tier unter sich selbst herabgewürdigt. Und das ist die Fünfte Plage: Alle Tiere sind tot, es gibt keine Tiere mehr beim Menschen.«

Die Technik der Tierhaltung ist seit Claudel enorm vorangekommen. Die industrielle Tierzucht ist, wie Jocelyne Porcher richtig formuliert, zur »Tierproduktion« geworden. Und die Lebensbedingungen der Kühe, Schweine, Hühner in den gigantischen Fabriken, die sich als Landwirtschaftsbetriebe ausgeben, sind absolut unerträglich. Den zusammengepferchten Tieren hat man ihr Leben lang das genommen, was ihnen gehörte: die Sonne und den Regen, den Vogelgesang, die Luft, den Wind und die Wolken. Man fragt sich: »Mit welchem Recht?« – und die Beziehung zwischen Mensch und Tier wird zum Politikum. Wer jetzt versucht ist, das als Gefühlsduselei verwöhnter Menschen abzutun, denen in ihrer Epoche die tragischen Erfahrungen der Geschichte erspart blieben, möge sich mit Elisabeth de Fontenay daran erinnern, dass es für Hugo, Michelet oder Péguy, die keine Sensibelchen waren, »mehr oder weniger selbstverständlich war, im Rahmen eines demokratischen Humanismus auch über mögliche Rechte von Tieren nachzudenken«. Dass solche Gedanken nun wieder aktuell sind, ist nicht das Problem, sondern dass bei den Umweltschützern in den Städten, die auf jegliche tierische Kost verzichten und dadurch ein Beispiel geben wollen, dieses Nachdenken die Form des *Antispeziesismus* angenommen hat.

Peter Singer hat den Begriff »Speziesismus« in ausdrücklicher Anlehnung an die Begriffe Rassismus und Sexismus geprägt; im Speziesismus wird die wesensmäßige Überlegenheit des Menschen gegenüber dem Rest der Schöpfung behauptet. Dieser Anspruch habe dieselben unseligen Folgen wie die Frauenfeindlichkeit oder das Herabsehen auf sogenannte minderwertige Rassen. Die Gegner des Speziesismus sind daher Abolitionisten: Ihrer Ansicht nach ist die Befreiung der Tiere Teil des Kampfs für die Rechte von Sklaven, von Opfern des Kolonialismus und von Frauen. Und um unmissverständlich klarzumachen, dass sie für die gleichen Rechte aller fühlenden Wesen eintreten, achten sie darauf, von »den anderen Tierarten« zu sprechen, wenn sie Tiere meinen.

Eine solche Ausweitung des emanzipatorischen Kampfs hat den Anschein von Großherzigkeit. Von Nahem betrachtet ist dieser Kampf so absurd wie grausam. Worin soll denn die Befreiung der Schweine, Kühe, Ziegen, Schafe oder Hühner bestehen? Diese Tiere sind nicht für das Leben in freier Wildbahn geschaffen. Sie arbeiten für und mit dem Menschen. Wenn man die jahrtausendealte Zusammenarbeit zwischen Mensch und Tier nicht mehr begreift und mit derselben Begründung ungerechtfertigter Herrschaft sowohl die bäuerliche Viehzucht als auch die industrielle Massentierhaltung verdammt, haben die sogenannten Nutztiere keinen Platz mehr auf der Erde. Um sie nicht länger zu versklaven und sterben zu lassen, muss man verhindern, dass sie auf die Welt kommen. Das Versprechen der Befreiung ist in Wahrheit ein Programm der Auslöschung. Bestimmte Tierschützer lieben die Tiere so, dass sie eine Welt schaffen wollen, in der sie nicht mehr existieren würden. So sagt zum Beispiel Gary L. Francione, Rechtsprofessor an der Rutgers University: »Wir haben die Pflicht zu verhindern, dass weitere nicht menschliche Tiere auf die Welt kommen. Das gilt nicht nur für die Tiere, die wir für unsere Ernährung, für Experimente, zur Textilherstellung nutzen, sondern auch für unsere Haustiere. [...] Natürlich müssen wir für die bereits existierenden Tiere sorgen, doch wir müssen aufhören, weitere zu produzieren. [...] Es ist unsinnig zu behaupten, wir hätten zwar unmoralisch gehandelt, als wir nicht menschliche Tiere domestizierten, jetzt müssten wir ihnen aber erlauben, sich zu reproduzieren. Wir haben gegen die Moral verstoßen, als wir sie domestizierten: Wie könnten wir es rechtfertigen, diesen Verstoß immer wieder zu begehen?« Was geschieht, wenn eine reumütige Menschheit diesen Weg zur Erlösung beschreitet? Das sinnliche Erleben wird unwiderruflich eingeschränkt, die stumme Welt wird endgültig untergehen, und auf der zur universalen Vorstadt gewordenen Erde wird das niemand betrauern. Die von Philippe Muray so liebevoll beschriebenen Kühe, »diese Kühe mit ihrem weichen Leib, ihrem schweren Gang und dem sanft bebenden Flotzmaul, dem herrlichen Duft nach Schlamm und Langsamkeit, dem melancholischen Muhen, den Rundungen ihrer mächtigen Flanken und ihrer gargantuesken Eleganz«, sie werden sich zu den Mammuts der Vorzeit gesellen. Nichts in der Wirklichkeit wird mehr den Zeilen im Gedicht »Mittag« von Leconte de Lisle entsprechen:

Im Grase ruhen weiße Rinder, nicht weitab.
Der Geifer tröpfelt zäh an ihren Wammen ab.
Schläfrig, den Blick nach innen gewendet
träumen den Traum sie, der niemals endet.

Die Gegner des Speziesismus sind außerdem stolz darauf, in ihrem Kampf gegen Dominanz bis zum Äußersten zu gehen, indem sie das Eigene des Menschen *dekonstruieren*. Wenn der Mensch ein für allemal den Glauben an seine Ausnahmestellung ablegt, dann wird er in Zukunft ebenso wenig aufgrund von Gattung diskriminieren können, wie jetzt aufgrund von Rasse, Geschlecht, Religion, sozialer oder nationaler Herkunft. Die edlen Initiatoren dieser ultimativen Nacht des 4. August vergessen bei ihrer Abschaffung der Privilegien, dass die Sorge um die übrigen Gattungen ein Vorrecht des Menschen ist. Ausgerechnet in dem Moment, in dem die Tierfreunde demütig ihre Zugehörigkeit zur Tierwelt anzuerkennen glauben, demonstrieren sie ihre Sonderstellung (jedenfalls diejenigen unter ihnen, die die Tiere nicht retten wollen, indem sie sie ausrotten). Nie wird der Löwe sich um die Gazelle sorgen noch das Schwein um das Schaf noch das Krokodil auf seine Säugetierbeute verzichten: Es ist die Aufgabe des Menschen, und zwar ausschließlich des Menschen, über die einen wie die anderen zu wachen. Wie alle Lebewesen will auch dieses bedürftige Lebewesen überleben und dazu seinen Bedürfnissen nachkommen. Doch durch seinen Überlebenswillen wird er nicht hinreichend definiert. Niemand außer ihm kann Verantwortung für die Wesen übernehmen, die ihm ausgeliefert sind.

Einer solchen Verantwortung stellen sich die Tierzüchter, die es fertiggebracht haben, Bauern zu bleiben. Sie führen zehntausend Jahre Geschichte des Zusammenlebens von Mensch und Tier fort, dessen Überleben nun durch die paradoxe Allianz von Nahrungsmittelindustrie und radikalen Tierschützern bedroht ist. Am 5. August 2013 stellte der niederländische Biologe Mark Post der Presse in London das erste Steak *in vitro* vor: eine kleine Scheibe Fleisch, die aus einer Zellkultur entstanden war. Dieser vielversprechende Erfolg kündigt eine Welt an, in der wir Fleisch im Labor produzieren und, weil wir nur wenige Tiere als Zelllieferanten brauchen, auf Stall und Weide verzichten können. In einer solchen Gesellschaft des Überflusses wird es möglich sein, alle Konsumenten – auch die Fleischliebhaber – zufriedenzustellen. Wenn der Fortschritt seinen Lauf nimmt, verschwinden die Tierzüchter und mit ihnen die Haustiere, die man durch Nichtexistenz vor dem grausamen Schicksal bewahrt, das ihnen die Welt von einst bereitete; denn nun braucht man nur noch eine einzige Kuh für die Produktion von 175 Millionen Burgern. Zur großen Freude der Kapitalisten und der Antispeziesisten werden Startups an die Stelle der Bauernhöfe treten. Der Mensch wird nur noch mit seinen eigenen Produkten und Artefakten konfrontiert werden, selbst auf dem Esstisch. Er wird mit sich allein sein, und man wird – lachend oder weinend – sagen können, dass die erbittertsten Kritiker des Anthropozentrismus mit ihrer leidenschaftlichen Tugend dazu beigetragen haben, diese neue Realität ohne Außenwelt, ohne Andersartigkeit, ohne jede Möglichkeit von Poesie zu erschaffen: den Technokosmos.

VI Das Vergessen des Tragischen

Die Philosophie des Romans

IM ALTEN GRIECHENLAND drohte den Menschen, die alle Grenzen überschreiten, die maßlos oder frevelhaft handeln und so der *Hybris* erliegen, die Rache der *Nemesis*. Diese Überbringerin der Gerechtigkeit, erzählen uns Platon und die Tragödiendichter, rächte Maßlosigkeit durch eine entsprechende Strafe. Wir sind schon lange keine Griechen mehr, doch wenn wir dem Titel von Philip Roths letztem Roman glauben wollen, dann gilt ihre Weisheit immer noch für uns.

Sommer 1944. Die Vereinigten Staaten führen Krieg an zwei Fronten. Bucky Cantor, ein junger, kräftiger Turnlehrer an einer Schule von Newark, ist wegen seiner Sehschwäche nicht eingezogen worden. Seine besten Freunde riskieren ihr Leben an den Stränden der Normandie, und er, auf dem Abstellgleis, schämt sich zutiefst. Während die meisten Männer seines Alters einberufen wurden, um die Zivilisation zu verteidigen, beaufsichtigt er die Jugendlichen auf dem Sportplatz in seiner Heimatstadt. Er leidet darunter, dass er nichts erdulden muss und empfindet sich als Deserteur, bis eines Tages ein unerklärliches Übel über diese Stadt abseits der großen Geschichte hereinbricht: die Kinderlähmung. Die Epidemie breitet sich rasant aus, und der Kampf gegen sie ist jetzt auch ein Krieg. Natürlich denkt man an *Die Pest*, doch während Camus die französische Widerstandsbewegung vor Augen hatte, beschreibt Roth ein Massensterben, und die Fassungslosigkeit der Opfer erinnert unweigerlich an den Holocaust. Bucky Cantor stehen keine Gegenmittel zur Verfügung, aber er stellt sich der Herausforderung. Er wurde von einem liebevollen und strengen Großvater erzogen und will sich auch nach dessen Tod seiner würdig erweisen. Auf keinen Fall will er »seinen unverwüstlichen Mentor« enttäuschen. Übrigens gibt Roth seinem Protagonisten den Namen Cantor, weil er trotz seiner Jugend eher Respekt einflößt, als zu Vertraulichkeiten ermuntert, und weil er in einer Welt lebt, in welcher der Nachname Vorrang vor dem Vornamen hat. Der Nachname, das bedeutet Abstammung, Vorfahren, die Schuld, in der man steht, Loyalität, der Andere, der dem Ich vorausgeht und es in die Pflicht nimmt. In seinem Reich ist Cantor nicht der Souverän. Sein heißt für ihn rechenschaftspflichtig sein. Etwas steht über ihm und gebietet ihm unhörbar, stark zu sein. Philip Roth, den man seit *Portnoy* als den großen Romancier des *Es* und der brodelnden Triebe bewundert, erweist sich hier, wie in *Amerikanisches Idyll*, als Erforscher des Über-Ichs oder, mit vorfreudianischen Begriffen ausgedrückt, der Pflicht und der Rechtschaffenheit.

Bucky Cantor nimmt also die Herausforderung an. Er entzieht sich seiner Verantwortung nicht und sucht die am Boden zerstörten Eltern eines Jungen auf, der dieser Krankheit erlegen ist. Als sie ihn fragen: »Warum treffen solche Tragödien immer Menschen, die es am wenigsten verdient haben?«, kann er nur hilflos erwidern, dass er auch keine Antwort weiß. Man denkt an die bittere Wahrheit, die Philip Roth in einem seiner Romane formuliert: »Die Tragödie des Menschen, der auf Tragödien nicht vorbereitet ist – das ist die Tragödie des Jedermann.« Doch als die Trauergäste gemeinsam mit dem Rabbiner das Kaddisch beten, schafft es Bucky Cantor nicht, sich ihnen anzuschließen. Im Gegenteil, er ist empört.

J'hei sch'mei raba m'vorach l'allam, u'l'allmei
allmaja.
Sein großer Name sei gepriesen in Ewigkeit und
Ewigkeit der Ewigkeiten.
Jitbatach, ve jischtabach ve jispaar, ve jisromam,
ve jisnasei,
Gepriesen sei und gerühmt, verherrlicht, erhoben,
erhöht,
Ve jishadar, ve jisaleih, ve jishalal shemeih
d'kudschah.
Gefeiert, hocherhoben und gepriesen sei der
Name des Heiligen
B'rich hu …
Gelobt sei Er …

Diese Lobpreisung des Höchsten im Augenblick der tiefsten Trauer empört den Jugendleiter aus Newark. Man kann seinen Zorn kindisch finden. Doch er illustriert auch die Weigerung des modernen Menschen, Epidemien als Strafe Gottes für eine sündige Menschheit zu sehen. Wenn es wirklich der Allerhöchste ist, der diesen Tod gewollt hat, dann ist er ein Kindermörder. Und jedenfalls könnte Bucky Cantor mit Roland Barthes sagen, dass Gott »nicht zugleich die Liebe und den Tod hätte erschaffen dürfen«. Nicht genug damit, dass Er das getan hat. Er verlangt außerdem, dass die Liebe Ihn mit einem Loblied auch da noch rühmt, wo der Tod triumphiert. Was denn noch? Was zu viel ist, ist zu viel. Philip Roth glaubte nicht genug an Gott, um ihn zur Rechenschaft zu ziehen und zu verurteilen, aber er hat doch etwas von Bucky Cantor, denn vor seinem Tod verfügte er, dass bei seinem Begräbnis das Kaddisch nicht gebetet werden solle. Nicht dass er seine Wurzeln verleugnete, er wusste besser als jeder andere, was es bedeutet, von Generation zu Generation Jude zu sein, doch nichts war ihm fremder oder sogar unerträglicher als das Wiegenlied vom allmächtigen guten Gott.

Von dieser Ausnahme abgesehen, erfüllt Bucky Cantor gewissenhaft seine Pflicht. Nachdem er es zunächst abgelehnt hat, den zum Kriegsschauplatz gewordenen Sportplatz zu verlassen, um Marcia, die Frau, in die er unsterblich verliebt ist, in einem Ferienlager weitab von der grassierenden Epidemie zu besuchen, folgt er schließlich ihrer Einladung, als sie verspricht, sich mit ihm zu verloben. Diese Rückkehr zur Natur ist aber illusorisch. Wie Ödipus, der das Orakel gerade durch das erfüllt, was er tut, um ihm zu entrinnen, erlebt Cantor, wie die Krankheit, die er vermeintlich hinter sich ließ, nun auch an diesem idyllischen Ort auftaucht. Er erkennt, dass er selbst das Virus übertragen hat. Er stirbt nicht an der Infektion, doch er trägt eine Behinderung davon und sagt sich von Marcia los, um ihr die Last zu ersparen, die er künftig für sie darstellen würde. Sie fleht ihn an, sie nicht zu verlassen, doch sein Entschluss steht fest. Wir erfahren das vom lange verborgenen Erzähler von *Nemesis*: Arnie Mesnikoff trifft nach dreißig Jahren wieder Bucky Cantor. Er war eines der Kinder vom Sportplatz in der Chancellor Avenue. Er hatte sich angesteckt, ist ebenfalls von der Krankheit gezeichnet, doch er hat geheiratet und ist glücklich geworden.

Die schreckliche Erkenntnis, dass Bucky Cantor diese Chance verpasst hat, erinnert unweigerlich an die Erzählung von Henry James, *Das Tagebuch eines Mannes von fünfzig Jahren*. Der Protagonist war unsterblich in eine italienische Gräfin verliebt. Kurz vor der Hochzeit entdeckt er ihr Doppelspiel und ihre düsteren Intrigen. Daraufhin trennt er sich von ihr und kehrt nach einer 25-jährigen militärischen Karriere in »extremen Klimazonen« nach Florenz zurück, der Stadt seiner gescheiterten Liebesbeziehung. Die Gräfin ist tot, er besucht den Salon ihrer Tochter und sieht, wie diese gegenüber einem jungen naiven Engländer mit der gleichen Koketterie wie ihre Mutter agiert. Er beschließt, den Verehrer vor der drohenden Gefahr zu warnen und von den Erkenntnissen profitieren zu lassen, die er durch schmerzliche Erfahrung gewonnen hat. Verlorene Liebesmüh – der Verehrer will nichts davon hören. Er heiratet die betörende Frau. Die Katastrophe bleibt aus. Geschockt fragt sich der unverheiratet gebliebene General, ob er nicht am Ende sein eigenes Leben durch übergroßes Misstrauen verpfuscht hat, ob er nicht Opfer seiner Illusionslosigkeit geworden ist. Durch seine Weigerung, Vertrauen zu schenken, um sich nicht täuschen zu lassen, hat er die Wahrheit vielleicht verfehlt. Diese Möglichkeit trifft ihn ins Mark und löst ein unerträgliches Gefühl aus: *Zu spät!*

Bucky Cantor geht nicht so weit. Was Arnie Mesnikoff erzählt, bringt ihn nicht dazu, an sich selbst zu zweifeln, denn er leidet zeitlebens an einer schlimmeren Krankheit als der Polio mit all ihren Folgen: der Krankheit, alles deuten zu wollen. Alles muss einen Sinn haben. Letztlich ist nichts überraschend. Nichts geschieht ohne Grund. Erst hat er den Schöpfer für alles, also auch für das Virus, beschimpft, nun richtet er seinen Zorn gegen sich selbst. Er ist die Ursache, der Sündenbock, der Krankheitsüberträger. »Warum? Warum? (Es muss eine Notwendigkeit geben für das, was geschieht. Die Tragödie muss in Schuld verwandelt werden.) Dass das Ganze sinnlos, zufällig, absurd und tragisch ist, stellt ihn nicht zufrieden. Auch nicht, dass die Ursache ein sich stark ausbreitendes Virus ist. Er forscht verzweifelt nach einem tieferen Grund, dieser Märtyrer, die Suche nach dem Warum wird zur Manie, und er findet es entweder bei Gott oder in sich selbst oder – mysteriös und mystisch – in der schrecklichen Vereinigung dieser beiden zu einem einzigen Zerstörer.«

Für Bucky Cantor geschieht nie etwas zufällig, sondern *wie zufällig*. Alles, was sich ereignet, folgt einer Logik. Dieses Ausschließen der Tragik durch den Vorrang der Logik stürzt ihn in die Tragödie. Die *Hybris*, der er erliegt, ist nicht der Hochmut des Begehrens oder des Willens, sondern der Wahnsinn der Vernunft. Und diese Maßlosigkeit bedingt seine Bestrafung. Statt Marcia zu heiraten, die nichts anderes wollte, hat er sich für schuldig erklärt und so ihrer beider Leben zerstört. Auch dreißig Jahre später ist er immer noch überzeugt, richtig gehandelt zu haben.

»Die Philosophie«, schrieb d'Alembert, »ist nichts anderes als die Anwendung der Vernunft auf die verschiedenen Gegenstände, auf die sie ihre Wirkung entfalten kann.« Die Philosophie, die nicht nur Sache der Philosophen ist, besteht spätestens seit Hegel in der Anwendung der Vernunft auf alle Gegenstände, die uns begegnen. Dieser gängigen Philosophie hält Philip Roth in seinem gesamten Werk die Widerlegung durch den Roman entgegen. In *Nemesis* schreibt er die Chronik einer Epidemie, die nicht stattgefunden hat, doch als Drohung präsent war, und mit ihr die panische Angst zu sterben oder in die Eiserne Lunge gesperrt zu werden. In

Verschwörung gegen Amerika entwickelt er eine Vorstellung davon, was geschehen wäre, wenn die Amerikaner 1940 den mit Hitler sympathisierenden Fliegerhelden Charles Lindbergh die Präsidentschaft angetragen hätten. Und einem seiner größten Romane, *Amerikanisches Idyll*, stellt er ein Zitat von William Carlos Williams als Motto voran: »das seltene Eintreten des Erwarteten ...«. Das, was gewöhnlich eintritt, ist das, was man nicht erwartet, und man quält sich zusätzlich und unnötig, wenn man den Charakter des Zufälligen nachträglich auszumerzen versucht. Angeregt von dem, was ein anderer Romancier, Robert Musil, »das Prinzip des unzureichenden Grundes« nannte, nimmt uns Roth die Illusion einer Notwendigkeit und gibt den Ereignissen ihre Fragilität, das Willkürliche, Unzeitige, Zufällige zurück. Er denkt den Zufall, statt dem Denken zu erlauben, diesen zu beherrschen und darzulegen, wie sich jenseits der Unordnung der Dinge majestätisch Bedeutung entfaltet. Als Romanautor stellt er dar, was Stanislaw Lec in einem seiner Aphorismen formulierte: »Geschichte: eine Ansammlung von Ereignissen, die nicht notwendigerweise eintreten mussten.« Nichts in *Nemesis* ist wahr, aber aus dieser umfassenden Fiktion entsteht die unvergessliche Wahrheit eines Menschen, der an seiner Seelengröße und an der Unfähigkeit zerbricht, sich mit dem abzufinden, was das menschliche Leben an Unvorhersehbarkeit, Unauflösbarkeit, Schuldlosigkeit, mit anderen Worten, an Tragik enthält.

Der Roman der Philosophie

KEHREN WIR in die Gegenwart zurück, das heißt zum Virus, das sich 2020, ausgehend von einem chinesischen Wildtiermarkt, auf die gesamte Welt ausbreitete. Vor diesem verhängnisvollen Datum glaubten wir uns befreit von der Last des Bodenständigen und dem, was Heidegger, als er die menschliche Existenz bezeichnen wollte, das Dasein nannte. Es hielt uns nicht mehr an einem Ort. Wir berauschten uns am Schwinden der Entfernung. Mit einem Flügelschlag konnten wir jedes Ziel erreichen. Wir verbrachten gern einmal ein Wochenende in Barcelona, Prag oder Berlin. Die Flüchtigkeit, die Mobilität, das stets verfügbare Überall hatten die alten Formen des Bewohnens und Begreifens der Welt ersetzt. Durch das Mobiltelefon wurde das Festnetztelefon in die Rumpelkammer der Geschichte verbannt. Natürlich gab es ein paar Spätzünder, doch ihre Tage waren gezählt, die Ortlosigkeit war dabei, zur *conditio humana* des modernen Menschen zu werden. Und dann erfuhren wir, was »Zoonose« bedeutet, und in der Folge geriet alles aus den Fugen. Statt Reisewut gab es jetzt Ausgangssperre, und wir mussten uns wohl oder übel einem Imperativ fügen, der für alle Millennials der Inbegriff des Reaktionären ist: Bleibt zu Hause! Die Nächstenliebe selbst nahm neue Formen an. Sie zeigte sich nicht mehr im Überschwang der Gefühle, sondern im Wahren von Distanz: im Abstandhalten. Die mitmenschliche Begrüßungsgeste war nun eine Geste der Abwehr. »Händewaschen nicht vergessen!« wurde zum Mantra des gesellschaftlichen Miteinanders. Ihren Bürgersinn bewiesen die Menschen, indem sie den öffentlichen Raum mieden und dem moralischen Gebot gehorchten, sich voneinander fernzuhalten. Da konnten sie doch ihr *Globish* wahrhaftig verlernen.

Ihre Philosophie allerdings nicht. Die Dinge überstiegen zwar vorübergehend ihr Begriffsvermögen, doch dann fand ihr Verstand zu alter Selbstgewissheit zurück und forderte seine Rechte. Man musste die Ursache der Pandemie erklären. Die Ursache, das hieß in diesem Fall den oder die Schuldigen. Wie Hans Jonas stellte man fest: »Die Stadt der Menschen, einstmals eine Enklave in der nicht menschlichen Welt, breitet sich über das Ganze der irdischen Natur aus und usurpiert ihren Platz« und folgerte daraus, dass man nicht mehr von einer Naturkatastrophe sprechen könne. Das Vernunftprinzip wird fortan im Modus der Schuldzuweisung praktiziert. Und wo man früher über Naturkatastrophen eher wie Voltaire dachte, ergreift man jetzt Partei für

Jean-Jacques Rousseau. Nach dem Erdbeben von Lissabon mit 40 000 Todesopfern hatte Voltaire in einem berühmt gewordenen Gedicht die Vorstellung angegriffen, das Böse diene dem Guten.

Grausame! häuft nicht Hohn auf meinen Schmerz!
Nein, haltet nicht der tiefbewegten Seele
Mehr jene ewigen Gesetze vor
Nicht der Notwendigkeit unwandelbare
Beschlüsse!

Rousseau erwiderte, »dass nicht die Natur dort 20 000 Häuser zu je sechs bis sieben Etagen erbaut hat, und dass der Schaden, wenn die Einwohner dieser großen Stadt gleichmäßiger verteilt und in leichteren Bauwerken gewohnt hätten, viel geringer oder vielleicht überhaupt keiner eingetreten wäre.« Und er beschwört uns: »Mensch, forsche nicht länger nach dem Urheber des Übels. Du selbst bist dieser Urheber. Es ist kein anderes Übel vorhanden als dasjenige, welches du begehst oder leidest, und beides geht von dir selber aus.« Mit anderen Worten, das Verfahren gegen Gott wird eingestellt und der Mensch schuldig gesprochen: Jetzt straft ihn eine immanente Vorsehung für seine Vergehen.

Das ist auch Bucky Cantors Denkweise, aber als den Schuldigen sah er sich selbst. Wahn und Würde seiner Art sind allerdings nicht mehr angesagt. Als Urheber des Übels gilt der Mensch ganz allgemein, der mit der intensiven Landwirtschaft, der intensiven Waldvernichtung und den intensiven Ortsveränderungen der Maßlosigkeit verfallen ist und nun in Gestalt des Coronavirus für seinen Rausch bezahlt. Und nicht nur der Mensch an und für sich ist der Grund dafür. Bestimmte Menschen, heißt es nun, hätten die Katastrophe verschärft. Diese Menschen, das sind die verantwortlichen Politiker, die nichts Besseres zu tun hatten, als die Bevölkerung mit größtem Vergnügen durch Einsperren zu disziplinieren, um ihre mangelnde Vorsorge und ihre Inkompetenz zu kompensieren. Sie seien unter normalen Bedingungen in ihrer Regierungsarbeit frustriert, gezwungen, mit anderen Regierungen Kompromisse zu schließen, und hätten nun in der Gesundheitskrise eine Gelegenheit gesehen, ihre Macht über die Massen auszuweiten, indem sie, wie der Schriftsteller Alain Damasio drastisch formulierte, jedem sein »Rattenloch« zuwiesen, um ihr Despotendasein unbehelligt zu genießen. Sylvain Tesson, Autor des bewundernswerten Romans *Der Schneeleopard*, ging noch weiter: »Wir sollten uns klarmachen, dass darin die Berufung einer Regierung besteht: die Masse zu zügeln, sie gelegentlich zu strafen. Das Virus bietet den Machthabenden die Möglichkeit, dieser ihrer Natur zu entsprechen.« Man wolle die Gesellschaft auf Linie bringen, das Verhalten vereinheitlichen, man jage den Bürgern Angst ein, um ihnen die Zwangsjacke von umfassenden Sicherheitsmaßnahmen anzulegen – die Kritik explodierte geradezu, ohne dass man je darüber nachgedacht hätte, dass die Regierungen der Industrieländer schweren Herzens beschlossen, eine Wirtschaft zum

Stillstand zu verdammen, der sie seit Langem alles untergeordnet hatten, indem sie ausschließlich auf Wachstum setzten.

Da ältere Menschen besonders gefährdet waren, hätte ein rein quantitatives Abwägen sie dazu bringen müssen, die unproduktiven Kranken zu opfern. Das Gegenteil war der Fall: Sie wollten um jeden Preis eine Triage vermeiden und den Erstickungstod dieser Menschen in ihrem Land verhindern. Außerdem befürchteten sie ganz besonders, dringende Operationen verschieben zu müssen, weil nicht genug Krankenhausbetten zur Verfügung standen. Der moderne Mensch, der bei sich weder Schuld noch Verpflichtung, sondern bloß Rechte erkennen kann, erweist sich gegenüber der Modernität selbst als undankbar, wenn er hinter Fortschritten im Gesundheitswesen und bei den medizinischen Leistungen, die eine Erleichterung des menschlichen Daseins darstellen, die Krake einer alles ergreifenden und normierenden Biomacht vermutet.

So beschuldigte man also unsere Politiker, sie hätten die bürgerlichen Freiheitsrechte zu ihrem Vergnügen außer Kraft gesetzt. Doch es handelte sich um eine zeitlich begrenzte Maßnahme, die Aussetzung war bloß vorübergehend. Und, wie der Vorwurf selbst beweist, die Meinungsfreiheit, das bevorzugte Ziel für Verbote autoritärer Regierungen, war zu keinem Zeitpunkt aufgehoben oder bedroht. Während der gesamten Krise wurden die Regierenden provoziert, verunglimpft, verspottet, in den Schmutz gezogen. Ein Kommentator rief sogar zum

Aufstand gegen die Quarantäne auf, und was für Folgen hatte das für diesen Dissidenten ohne Furcht und Tadel? Es kam zu keiner Vorladung, keiner Hausdurchsuchung und schon gar nicht zu einer Verhaftung. Wie die Demonstranten, die in einer Zeit, als die Bewegungsfreiheit eigentlich beschränkt sein sollte, durch die Straßen zogen, um ihre bedrohte Freiheit zu verteidigen, ist dieser unerbittliche Kommentator mutig in den Widerstand gegangen – gegen einen nicht existenten Totalitarismus. Und wenn die Exekutive zahlreiche Vorsichtsmaßnahmen ergriff, allzu pedantisch verfuhr, wenn sie unterschiedslos bestimmte Prinzipien des gesellschaftlichen Zusammenlebens auf dem Altar des Notstands opferte, dann geschah das nicht, weil sie Spaß an der Ausübung der Macht hatte, sondern weil sie eine überlegene Macht fürchtete. Sie schützte sich, sie ging in Deckung. Ein Anwaltskollektiv deutete, wie der Protagonist in *Nemesis*, die Tragödie in eine Schuld um, allerdings ohne sich selbst in irgendeiner Form in der Verantwortung zu sehen, und rief im Internet eine Plattform ins Leben, die mithilfe von vorausgefüllten Formularen gerichtliche Klagen erleichtern sollte.

Einzelne Minister sind trotz der Restriktionen, die sie glaubten, verfügen zu müssen, wegen »unterlassener Maßnahmen zur Abwendung einer Katastrophe« ins Visier der Gerichte geraten. Während der Pandemie wurden sie immer wieder beschimpft, weil sie zu weit gegangen seien, und jetzt sollen sie sich vor Gericht dafür verantworten, dass sie nicht genug getan hätten. Das ist der eigentliche Albtraum, nicht der böse Tyrann, der uns mit seinen zahllosen Schergen auf Schritt und Tritt verfolgt. Die Zeit der politischen Gefangenen gehört in den Demokratien längst der Vergangenheit an, aber mit Nürnberger Corona-Prozessen, denen manche freudig entgegensehen, nimmt eine neue Epoche Gestalt an: die der gefangenen Politiker.

Die vergangene Gesundheitskrise offenbart einmal mehr die Macht der Einbildung. Wir sind überzeugt, wir hätten seit der Aufklärung die Zeit der Leichtgläubigkeit hinter uns gelassen, und flüchten uns stärker als unsere Vorfahren aus der Wahrheit in Chimären. Die Ideologie hat den Aberglauben ersetzt. Man bildet sich ein, der Staat sei ein furchterregender Leviathan, obgleich er kraftlos ist und nur wenig Einfluss hat. Seine Handlungsfreiheit wird immer weiter eingeengt. Und je mehr er behindert, gefesselt und gelähmt wird, umso mehr wirft man ihm vor, Zwang auszuüben, sich einzumischen, unerträglich zu sein. Selten haben sich Menschen mit einem solchen Gefühl, alles zu durchschauen, selbst belogen. Selten waren Menschen so stolz darauf, der Wahrheit ins Gesicht zu sehen, und haben dabei so sehr fantasiert. Kein Mensch erzittert vor politischer Macht. Die Politiker erzittern vor der Macht der Gerichte, der Medien und der sozialen Netzwerke. Überwachen und Strafen: So kann man in Zukunft nicht das Handeln der Regierenden zusammenfassen, sondern das Schicksal, das man für sie bereithält. Und die neuen Herren scheren sich keinen Deut um das Wohlergehen der Allgemeinheit. Unter dem Vorwand, mit Missständen im öffentlichen Leben aufzuräumen, genießen sie es hemmungslos, ihre Opfer erst zu terrorisieren und dann zu verschlingen. Und stets hungrig sind sie unablässig auf der Suche nach neuer Beute. Sie sind nicht unbestechliche Richter, sondern unersättliche Menschenfresser.

Wir betrachteten uns als Herren und Besitzer der Natur. Die Pandemie, die 2020 auftrat, zeigt, dass unsere Herrschaft uns keineswegs vor den Katastrophen schützt und sogar noch dazu beitragen kann. Doch auf diese Erinnerung an unsere Begrenztheit reagieren die Ankläger mit einer Leugnung der Begrenztheit. Der Staat muss alles wissen, alles vorhersehen, alles können. Seine Irrtümer und seine tastenden Versuche werden zu Verbrechen. Der Mensch, schreibt Kundera in *Verratene Vermächtnisse*, »sei einer, der im Nebel voranschreitet«. Diese existenzielle Wahrheit wird geleugnet. Im posttragischen und postliterarischen Denken gibt es keinen Nebel. Alles ist immer klar. Also richtet man über den Menschen ohne Rücksicht auf die Bedingungen des Menschseins.

Warum nur? Warum? Diese quälende Frage ist legitim, und wir müssen sie stellen, um Lehren aus unserem Unglück zu ziehen. Wenn man aber durch das Warum mit aller Kraft die Zufälligkeit der Ereignisse aus der Welt schaffen und leugnen will, dass die Akteure keine Gewissheiten hatten, dann erklärt unser Warum nichts mehr, sondern bricht die Brücken zur Realität ab.

Die gängige Philosophie, deren Anhänger in der Tradition Hegels stehen, ohne ihn gelesen zu haben, ist unfähig geworden, »den Teil an Absurdität [...] zu spüren [...], den die Geschichte verwirklicht«. Kein Ereignis, behaupten sie, entgeht der Notwendigkeit, keine Handlung der Zuschreibung. Diese rationale Herangehensweise an die Fakten versperrt den Zugang zu den faktischen Wahrheiten. Man versteht überhaupt nichts mehr, weil man alles verstehen will.

VII Momente mit Kundera

I

NACH ANSICHT VIELER BEOBACHTER bedeutete die Pandemie, die zum Winterende 2020 über
die Menschheit hereinbrach, einen historischen
Bruch. Man durfte nicht weitermachen, als ob
nichts gewesen sei. Die Welt danach musste unbedingt die Lehren aus der Katastrophe ziehen, indem
sie eine Gegenposition zur Welt davor einnahm. Ni-
colas Hulot, ehemaliger Umweltminister und prominenter Publizist im Bereich der Ökologie, gab in einem eindringlichen Text die Marschrichtung vor:

> »Die Zeit ist gekommen, Angst in Hoffnung zu
>   verwandeln [...]
> Die Zeit ist gekommen, Zusammenhalt zu schaf-
>   fen [...]
> Die Zeit ist gekommen, das Leben zu preisen [...]
> Die Zeit ist gekommen, uns mit der Natur zu
>   versöhnen [...]
> Die Zeit ist gekommen, eine pluralistische
>   Menschheit zu respektieren.

Die Zeit ist gekommen, Andersartigkeit zu
  kultivieren [...]
Die Zeit ist gekommen, den Bedürftigen und den
  Unsichtbaren die Hand zu reichen [...]
Die Zeit ist gekommen, unsere Kinder zum Sein,
  zum Gemeinsinn, zum Miteinander zu erziehen
  und sie zu lehren, die Erde zu bewohnen [...]
Die Zeit ist gekommen, uns das Glück wieder
  anzueignen [...]
Die Zeit ist gekommen, an den anderen zu
  glauben [...]
Die Zeit des guten Willens ist gekommen.«

Die Quintessenz dieser erhabenen Anapher lautet: Die Utopie ist törichtes Gerede. Die strahlende Zukunft ist unweigerlich beschränkt: Die Glückspropheten von heute gleichen denen von gestern wie ein Ei dem anderen. Nichts Neues am Himmel der radikalen Erneuerung. Die Geschichte bietet keine Überraschungen; die rosige Zukunft sieht immer gleich aus. Vom Produktivismus zum Ökologismus verkehrt sich die Ideologie in ihr Gegenteil, doch die Vorstellung vom großen Wandel bleibt unverändert. Stets dieselbe Idylle, dasselbe ekstatische Lächeln angesichts derselben Verheißung eines symbiotischen Miteinanders. Wie Kundera in *Die unerträgliche Leichtigkeit des Seins* schreibt: »Die Verbrüderung aller Menschen dieser Welt wird nur durch den Kitsch zu begründen sein.«

2

IM FERNSEHEN beschuldigte mich kürzlich eine neofeministische Aktivistin, die sich über meine Unterstützung für den Filmemacher Roman Polański empörte, ich hätte die Vergewaltigung verherrlicht. Meine Antwort auf die Beleidigung orientierte sich an einem »juristischen« Präzedenzfall, an der ironischen Übersteigerung, mit welcher der Titelheld in Rostands romantischer Komödie *Cyrano de Bergerac* reagiert, als sich ein Gegner über seine unförmige Nase lustig machen will und nur hervorbringt: »Sie haben eine sehr ... sehr lange Nase.« Woraufhin Cyrano antwortet:

> *»Das war etwas mager.*
> *Fällt Ihnen nichts mehr ein? – Mir vielerlei,*
> *Und auch die Tonart lässt sich variieren:*
> *Ausfallend: ›Trüg ich diese Nasenmasse,*
> *Ich ließe sie mir sofort amputieren.‹*
> *Freundlich: ›Trinkt sie nicht mit aus Ihrer Tasse?*
> *Aus Humpen schlürfen sollte Sie die Suppe.‹*
> *Beschreibend: ›Felsgeklüfte, Berg und Tal,*
> *Ein Kap, ein Vorland, eine Inselgruppe.‹*
> *Neugierig: ›Was ist in diesem Futteral?‹«*

Ich begnügte mich also nicht damit, mich schuldig zu bekennen; ich gestand eine viel schlimmere Schande ein als die, die besagte Dame so unbedingt über mich bringen wollte. Ich rief dazu auf, die Vergewaltigung zum Regelfall zu machen und erklärte stolz, dass ich ohne Ausnahme jeden Abend meine Frau dieser erlesenen Quälerei unterwarf.

Daher fiel ich aus allen Wolken, als ich am nächsten Tag erfuhr, dass die Sozialistische Partei den Hohen Rat für audiovisuelle Medien angerufen hatte, dass ich von vier Abgeordneten von »France Insoumise« (»Unbeugsames Frankreich«) angezeigt worden war und dass bei Radio France eine Petition vorlag, in der die sofortige Einstellung meiner Sendung »Répliques« gefordert wurde. Ist den Erben der Aufklärung die Orientierung dermaßen abhandengekommen, dass sie nicht mehr verstehen, wie ein Montesquieu, wenn er schreibt »Die, von welchen die Rede ist, sind schwarz vom Haupt bis zum Fuße; und ihre Nase ist so platt, dass es fast unmöglich ist, sie zu bedauern. Man kann sich's nicht vorstellen, dass Gott, der ein höchst weises Wesen ist, einen ganz schwarzen Körper mit einer Seele, zumal mit einer guten Seele, sollte versehen haben«, die Anhänger der Sklaverei verspottet und sie so erst recht verächtlich macht? Muss man sich demnächst vor Gericht für das verantworten, was man im gespielten Ernst formuliert? Ist Frankreich etwa auf dem unheilvollen Weg, sich von einer Heimat der Literatur zu einer Gesellschaft zu entwickeln, die alles nur noch buchstäblich verstehen kann?

Wie Kundera in *Verratene Vermächtnisse* über den Humor sagt: »Er war weder seit jeher da, noch wird er es für immer bleiben.« Wenn man, sobald man das Gegenteil von dem sagt, was man denkt, Gefahr läuft, beschuldigt zu werden, das zu denken, was man sagt, dann geht diese kultivierte Phase der Geschichte des Lachens vor unseren Augen zu Ende.

Einige meiner Verleumder haben zwar erkannt, dass meine Aussage nicht ernst gemeint, mein überdrehtes *Coming-out* nicht beim Wort zu nehmen war. Aber der Witz stellte in ihren Augen einen erschwerenden Umstand dar, *weil man mit solchen Dingen nicht scherzt.* Dieses Argument ließ mich erneut an Kundera denken, und zwar an Ludvik, den Protagonisten von *Der Scherz,* der mitten im revolutionären Aufbruch an Marketa, die junge Frau, die sich weigert, mit ihm zu schlafen, eine Postkarte schickt, auf der er schreibt: »Optimismus ist Opium für die Menschheit. Ein gesunder Geist stinkt nach Dummheit! Es lebe Trotzki!« Darauf beginnt für Ludvik eine wahre Höllenfahrt. Im Land der Genossen spielt man nicht mit der universalen Emanzipation. Dem unwiderstehlichen Gang der Geschichte darf man sich nicht einmal im Scherz, nicht einmal für eine vorübergehende Frechheit, in den Weg stellen.

Der Fall der Berliner Mauer läutete vor dreiunddreißig Jahren das Ende des Kommunismus ein. Doch der Progressivismus hat ihn abgelöst und die Vorstellung von der Erfüllung des Guten in der Geschichte verewigt. Die Possenreißer unserer Zeit nach dem Humor überschütten mit ihren Sarkasmen diejenigen, die nostalgisch zurückblicken oder den nötigen Respekt vor den heute geltenden Dog-

men vermissen lassen. Jeder Scherz, der von diesem
»geschützten« Modell abweicht, kann strafrechtlich
verfolgt werden.

3

IN EINER ZEIT, in der im multikulturell gewordenen Frankreich zwischen den Gesetzen der Republik
und denen des Koran ein Kräftemessen stattfindet,
ist es Ehrensache für die unerbittlichsten Verteidiger
des Laizismus, die nicht als religiös voreingenom-
men gelten wollen, die Weihnachtskrippen aus dem
öffentlichen Raum zu verbannen. Und so haben Demonstranten am 14. Dezember 2019 eine Lebend-
weihnachtskrippe gestürmt und dabei ausgerufen:
»Stoppt die Faschisten!« Das erinnerte mich an eine
Betrachtung von Milan Kundera: »Im Laufe der
Neuzeit hörte die Ungläubigkeit auf, suspekt oder
provozierend zu sein, und der Glaube seinerseits
verlor seine frühere missionarische oder intolerante
Sicherheit. Bei dieser Entwicklung spielte der Schock
des Stalinismus eine entscheidende Rolle: indem der
Stalinismus versuchte, das christliche Gedächtnis
ganz auszuradieren, hat er uns allen, Gläubigen und
Ungläubigen, Gotteslästerern und Frömmlern, in
brutaler Weise klargemacht, dass wir derselben, in
der christlichen Kultur verwurzelten Kultur angehö-

ren, ohne die wir nur substanzlose Schatten, wort-
lose Schwätzer, geistig Heimatlose wären.«

Nachdem uns die harte Prüfung des Stalinismus
erspart blieb, haben wir die Fesseln abgeworfen und
betrachten unser erbärmliches Dasein der geistig
Heimatlosen als Zeichen der Öffnung, als Errungenschaft der Freiheit, als heilsame Entwurzelung.

4

IN SEINEM *Buch vom Lachen und Vergessen* erzählt Kundera:

»Im Februar 1948 trat der kommunistische Führer Klement Gottwald auf den Balkon eines Prager
Barockpalais, um zu den Hunderttausenden von
Bürgern zu sprechen, die den Altstädter Ring füll-
ten. Es war ein historischer Augenblick in der Geschichte Böhmens. Einer jener schicksalhaften Au-
genblicke, wie sie nur ein- bis zweimal in einem
Jahrtausend auftreten.

Gottwald war von seinen Genossen umgeben,
und direkt neben ihm stand Clementis. Es schneite,
und es war kalt, und Gottwalds Kopf war unbe-
deckt. Der fürsorgliche Clementis nahm seine Pelzmütze ab und setzte sie auf Gottwalds Kopf.

Die Propagandaabteilung veröffentlichte das
Foto, auf dem Gottwald mit der Lammfellmütze auf

dem Kopf und den Genossen an seiner Seite vom Balkon zum Volk spricht, in Hunderttausenden Exemplaren. Auf dem Balkon hat die Geschichte des kommunistischen Böhmen begonnen. Jedes Schulkind kannte dieses Foto von Plakaten, aus Schulbüchern und Museen.

Vier Jahre später wurde Clementis des Verrats angeklagt und gehenkt. Die Propagandaabteilung radierte ihn unverzüglich aus dieser Geschichte, und natürlich auch von allen Fotografien. Seither steht Gottwald allein auf dem Balkon. Dort, wo einmal Clementis war, sieht man nur noch die leere Mauer des Palais. Von Clementis ist nur die Mütze auf Gottwalds Kopf geblieben.«

Im Herbst beschloss Ridley Scott, der Regisseur des Films *Alles Geld der Welt*, Kevin Spacey, der eine der Hauptrollen spielte, aus dem Film zu »löschen«, da dieser von mehreren zur Tatzeit minderjährigen Männern der sexuellen Belästigung bezichtigt wurde. Die Szenen mit seinen Auftritten – 26 insgesamt – wurden mit Christopher Plummer neu gedreht.

Im Januar 2020 entschieden sich die vier Herausgeber der Bücher von Gabriel Matzneff, alle seine Werke aus dem Markt zu nehmen mit der Begründung, dass nach dem Erscheinen von *Die Einwilligung*, dem Buch der Verlagslektorin Vanessa Springora über ihre Beziehung als Vierzehnjährige mit dem Autor, ein Untersuchungsverfahren gegen diesen eingeleitet worden war.

Der totalitäre Staat ist tot, der totalitäre Geist lebt weiter. Big Brother hat eine neue Adresse: Er schwebt nicht mehr über der Gesellschaft, er ist ihre Emanation und lässt aufgrund dieser unanfechtbaren Legitimität die neuen Bösewichte der Geschichte verschwinden. Überdies hat sich das Löschen der Spuren perfektioniert: Von den heutigen und künftigen Clementis wird nicht einmal die Pelzmütze bleiben.

5

ICH HABE EIN ALTER ERREICHT, in dem man sich fragt, wenn man das Glück hat, einen Menschen zu lieben, wer den anderen überleben wird. Ich wünsche mir ganz egoistisch, als Erster zu sterben, und wappne mich gegen die zweite Möglichkeit mit den metaphysischen Betrachtungen über das Leben des geliebten Menschen nach seinem Tod, die sich an verschiedenen Stellen in Kunderas Werken finden, so etwa im folgenden Passus: »Ein Toter, den ich liebe, wird für mich ganz einfach nie tot sein. Ich kann nicht einmal sagen: ich habe ihn geliebt; nein, ich liebe ihn. Und wenn ich mich weigere, von meiner Liebe zu ihm in der Vergangenheit zu sprechen, bedeutet das, dass der Verstorbene *ist*. Darin liegt vielleicht die religiöse Dimension des Menschen.«

Kundera zu lesen bedeutet, die merkwürdige Erfahrung zu machen, von ihm gelesen zu werden, überall und in jedem Stadium der menschlichen Existenz.

Epilog: Die letzte Schlacht

ALS DER SCHRIFTSTELLER und Literaturkritiker Frédéric Beigbeder zu bekennen wagte, dass er die weibliche Form von *écrivain* (Schriftsteller), nämlich *écrivaine*, nicht möge, brachten drei prominente Persönlichkeiten der französischen Literatur – Annie Ernaux, Benoîte Groult und Maryse Wolinski – ihre Bestürzung zum Ausdruck: »Man könnte meinen, wir lebten noch im 20. Jahrhundert!« Die ganze Arroganz der Gegenwart steckt in diesem Ausruf. Das klingt, als ob die Europäer noch bis gestern früh in der Barbarei gelebt hätten. Als hätten wir erst gerade eben die dunkle Vorzeit hinter uns gelassen, in der man die Frauen zur Unsichtbarkeit verdammte, fremde Kulturen missachtete, unterdrückte und auf Klischees reduzierte, der Sexismus bis hinein in die Sprache wütete und die Homophobie allgegenwärtig war – die Normen schnürten ein, es gab ständig Schikanen, die Minderheiten litten stumm.

Sie leiden immer noch, und der Weg bis zur Gleichstellung in der Diversität ist weit. Doch der

Verlauf und das Ziel sind bekannt. Wir wissen, was noch zu tun ist. Die Zeit für Fragen und für Bescheidenheit ist vorbei. In keiner Epoche der Menschheit hat man gleichzeitig alle Formen der Ausgrenzung angeprangert. In keiner hat man die Dinge jemals so deutlich erkannt und so aufgeschlossen gesehen. Paradoxerweise führt gerade diese Aufgeschlossenheit dazu, dass die Gegenwart mit sich allein ist. Weil niemand sonst die Andersartigkeit so propagiert hat, hält man es überflüssig, sich mit anderen Blickwinkeln auseinanderzusetzen. Man liest die Klassiker nicht mehr, wie Borges das wollte, »mit Herzklopfen und einer unerklärlichen Loyalität«. Falls man überhaupt hinter sich blickt, dann nur, um sich angesichts des zurückgelegten Wegs selbst auf die Schulter zu klopfen. Und wenn man diese Menschen auf den Unterschied zwischen den Geschlechtern anspricht, reagieren sie mit der sorgfältigen Dekonstruktion der Werke von Dichtern, Malern, Dramatikern und Romanautoren, die ihrer Ansicht nach in den Geschlechterstereotypen gefangen sind. Um die Erfahrung des Lesens zu machen, *mangelt es ihnen am Mangel*. Ihre Rüstung ist undurchdringlich, und die Kultur stirbt daran. Der Multikulturalismus ist ein triumphaler Monolog. Die Gegenwart wird niemals selbst beurteilt, sie ist es, die urteilt, die Unrecht beseitigt, Unvollkommenheiten korrigiert, die Herrschenden von ihren Scheuklappen und die Beherrschten aus ihrer Entwürdigung befreit, sie überträgt ihre makellosen Einsichten auf das Erbe der Jahrhunderte, und sie definiert die Kunst mit den Worten der Schauspielerin Jeanne Balibar als den Ort, »an dem die Formen entwickelt werden, die den Kampf gegen Rassismus und Ungleichheit ermöglichen«. Die Gegenwart ist eine einsame Monarchie.

Wir sind in das Zeitalter *nach der Literatur* eingetreten. Die Zeit, als die literarische Weltsicht ihren Platz hatte, scheint endgültig vorbei zu sein. Es ist allerdings nicht so, als sei die Inspiration plötzlich und für immer versiegt. Wahre Bücher werden weiterhin geschrieben und gedruckt, doch sie hinterlassen keinen Abdruck mehr. Sie können die Menschen nicht mehr formen. Die Erziehung der Seele gehört nicht mehr zu ihren Aufgaben. Sie richten sich an Leser, die, noch bevor sie ins Leben treten, es ablehnen, sich von ihm erzählen zu lassen, und die der Geschichte und den Geschichten mit der überlegenen Intelligenz desjenigen begegnen, der alle Vorurteile für immer überwunden hat. Die Nachfahren von Tante Céline brauchen keinen Shakespeare mehr, es sei denn, er ließe sich in den Dienst der einen oder anderen Sache stellen, die ihnen wichtig ist. Und der Preis für diesen Dünkel: Das Unwahre ergreift Besitz von unserem Leben.

Im Jahr 1970 erhielt Solschenizyn den Nobelpreis für Literatur. Seine Rede, die er in Stockholm nicht halten konnte, endete mit einem hoffnungsvollen Blick in die Zukunft: »Schon immer hat die Kunst im Kampf mit der Lüge gesiegt, und sie wird immer siegen – sichtbar, überzeugend für alle. Gegen vieles in der Welt vermag die Lüge aufzutreten, nur nicht gegen die Kunst.« Das war vor über fünfzig Jahren. Weniger als zwei Jahrzehnte nach diesem Bekenntnis fiel die Mauer in Berlin, und der Kommunismus hauchte sein Leben aus. Die Fakten scheinen Solschenizyn also recht gegeben zu haben. Bei genauerem Hinsehen haben sie ihn jedoch grausam widerlegt. Wir leben nicht nur unter der schrankenlosen Herrschaft der egalitären Gegenwart, sondern diese sieht sich selbst anders, als sie ist. Weil sie sich dauernd selbst belügt, verliert sie sich völlig aus den Augen. Die fantastischen Szenarien, die sie am laufenden Band produziert, dienen ihr als Literaturersatz. Simplifizierender Neofeminismus, schlafwandelnder Antirassismus, systematisches Verdecken der Hässlichkeit wie der Schönheit der Welt durch die Gleichsetzungen rechnerischen Denkens, Leugnung der Begrenztheit des Menschen: In ihrem Kampf gegen die Unwahrheit ist die Kunst im Begriff, die Schlacht zu verlieren.

Literatur- und Quellenhinweise

I. Tante Célines Siegeszug

Corneille, Pierre: *La Mort de Pompée*, in: *Théâtre II*. Paris 2006.

Galateria, Daria: *L'Étiquette à la cour de Versailles*. Paris 2017.

Gefen, Alexandre: *L'Idée de littérature. De l'art pour l'art aux écritures d'intervention*. Paris 2021.

Proust, Marcel: *Auf dem Weg zu Swann*, übers. v. Bernd-Jürgen Fischer. Ditzingen 2013.

Rushdie, Salman: *Joseph Anton*, übers. v. Verena von Koskull. München 2014.

II. Der Schrecken feministischer Schwarz-Weiß-Malerei

Balzac, Honoré de: *Die Lilie im Tal*, übers. v. Trude Fein. Zürich 1977.

Blake, William: *Zwischen Feuer und Feuer. Poetische Werke*, zweisprachige Ausgabe, übers. v. Thomas Eichhorn. München 1996, Neuausgabe 2007.

Camus, Albert: *Der erste Mensch*, übers. v. Uli Aumüller. Hamburg 1995.

Canetti, Elias: *Das Buch gegen den Tod*. München 2014.

Éluard, Paul: *Trauer schönes Antlitz. Gedichte*. Zweisprachige Ausgabe, übers. v. Stephan Hermlin. Berlin 1974.

Ernaux, Annie: *Die Jahre*, übers. v. Sonja Fink. Berlin 2017.

Ferney, Alice: *Les Bourgeois*. Actes Sud, 2017.

Foucault, Michel u. a.: *Neuer Faschismus, neue Demokratie*. Berlin 1972.

Gómez, Nicolás Dávila: *Scholien zu einem inbegriffenen Text*, übers. v. Thomas Knefeli u. Günther Rudolf Sigl. Wien/Leipzig 2006.

Houellebecq, Michel: *Ausweitung der Kampfzone*, übers. v. Leopold Federmair. Berlin 1999.

James, Henry: *Die mittleren Jahre*, übers. v. Walter Kappacher. Salzburg/Wien 2015.

Kundera, Milan: Die *Kunst des Romans*, übers. v. Uli Aumüller. München 2007.

Ders.: *Eine Begegnung,* übers. v. Uli Aumüller. München 2011.

Lacan, Jacques: *Die Ethik der Psychoanalyse*, übers. v. Norbert Haas. Weinheim/Berlin 1996.

Orwell, George: *1984*, übers. v. Gisbert Haefs. München 2021.

Péguy, Charles: *Gesamtausgabe der Werke, Bd. 3, Nota conjuncta*, übers. v. Friedhelm Kemp. Wien/München 1956.

Roth, Philip: *Der Ghost Writer*, übers. v. Werner Peterich. München 1980.

Ders.: *Der menschliche Makel*, übers. v. Dirk van Gunsteren. München/Wien 2002.

Ders.: *Gegenleben*, übers. v. Jörg Trobitius. München 1988.

Ders.: *Jedermann*, übers. v. Werner Schmitz. München 2006.

Ders.: *Mein Leben als Mann*, übers. v. Günter Panske. München 2007.

Ders.: *Mein Leben als Sohn*, übers. v. Jörg Trobitius. München 2018.

Ders.: *Mein Mann, der Kommunist*, übers. v. Werner Schmitz. München 1999.

Ders.: *Shoptalk*, übers. v. Bernhard Robben. München 2004.

Ders.: *Verschwörung gegen Amerika*, übers. v. Werner Schmitz. München 2018.

Springora, Vanessa: *Die Einwilligung*, übers. v. Hanna van Laak. München 2022.

Tocqueville, Alexis de: *Über die Demokratie in Amerika*, ausgew. u. hrsg. v. J. P. Mayer. Stuttgart 1985.

Woodsmall, Ruth: zit. in: Buruma, Ian u. Avishai Margalit: *Okzidentalismus. Der Westen in den Augen seiner Feinde*, übers. v. Andreas Wirthensohn. München 2005.

III. Die Zeit der Schlafwandler

Caldwell, Christopher: *The Age of Entitlement: America Since the Sixties.* New York 2021.

Coates, Ta-Nehisi: *Zwischen mir und der Welt*, übers. v. Miriam Mandelkow. München 2016.

DiAngelo, Robin: *Wir müssen über Rassismus sprechen: Was es bedeutet, in unserer Gesellschaft weiß zu sein*, übers. v. Ulrike Bischof. Hamburg 2020.

Thiesse, Anne-Marie: *La Fabrique de l'écrivain national. Entre littérature et politique*, »Bibliothèque des histoires«. Paris 2019.

IV. Die Verabschiedung der alten Welt

Bantigny, Ludivine: in *Histoire mondiale de la France*, hrsg. von Patrick Boucheron. Paris 2017.

Bělohradský, Václav: »»Sur le sujet dissident««, *Le Messager européen*, Nr. 4. Paris 1990.

Blanchot, Maurice: *Eine Stimme von anderswo,* hrsg. u. übers. v. Marco Gutjahr. Wien/Berlin 2015.

Chesterton, Gilbert Keith: *Was unrecht ist an der Welt*, übers. v. Clarissa Meitner. München 1924.

Genette, Gérard: Épilogue, »Fiction et Cie«. Paris 2014.

Kérel, François: in Œuvre, Bd. I, »Bibliothèque de la Pléiade«. Paris 2011.

Kundera, Milan: »Das entführte Europa« in: Jacques Rupnik: »Zweimal Frühling 1968«. Online verfügbar unter https://www.eurozine.com/zweimal-fruhling-1968/.

Ders.: »Die Tragödie Mitteleuropas«, in: Erhard Busek, Gerhard Wilflinger (Hrsg.): *Aufbruch nach Mitteleuropa: Rekonstruktion eines versunkenen Kontinents.* Wien 1986.

Ders.: *Das Buch der lächerlichen Liebe*, übers. v. Susanna Roth. München 1986.

Ders.: Préface à Josef Škvorecký, *Miracle en Bohême*. Paris 1978.

Ders.: *Verratene Vermächtnisse*, übers. v. Susanna Roth. München 1994.

Levet, Bérénice *Le Crépuscule des idoles progressistes*, »Les essais«. Paris 2017.

Lévinas, Emmanuel: *Schwierige Freiheit. Versuch über das Judentum*, übers. v. Eva Moldenhauer. Frankfurt a.M. 2017.

Ortega y Gasset: *Der Aufstand der Massen*, übers. v. Helene Weyl. Stuttgart 2002.

Ders.: *Der Mensch ist ein Fremder. Schriften zur Metaphysik und Lebensphilosophie*, hrsg. u. übers. v. Stascha Rohmer. Freiburg/München 2008.

Péguy, Charles: *Notre jeunesse, Œuvres en prose complètes*, Bd. I, »Bibliothèque de la Pléiade«. Paris 1987.

Ponge, Francis: *Malherbarium*, hrsg. u. übers. v. Leopold Federmair. Klagenfurt/Wien 2004.

Proust, Marcel: »Lob der schlechten Musik«, in: *Tage der Freuden*, übers. v. Ernst Weiß. Frankfurt a.M. 1965.

Renan, Ernest: *Was ist eine Nation? Rede am 11. März 1882 an der Sorbonne*, übers. v. Henning Ritter. Hamburg 1996.

Reynié, Dominique: *Les Nouveaux Populismes*. Paris 2013.

Rhazoui, Zineb El: in *#JeSuisMila #JeSuisCharlie #NousSommesLaRépublique*. Paris 2020.

Ricœur, Paul: *Condition de l'homme moderne*, Préface à Hannah Arendt. Paris 1961.

Rushdie, Salman: *Die Satanischen Verse*, übers. aus dem Englischen. München 2017.

V. Missachtung der Schönheit

Arendt, Hannah: *Vita activa oder Vom tätigen Leben*. München 2002.

Dies.: *Zwischen Vergangenheit und Zukunft*, hrsg. v. Ursula Lutz. München 1994.

Camus, Renaud: *L'Étai. Journal 2018*. @ beim Autor 2019.

Char, René: *Einen Blitz bewohnen. Ausgewählte Gedichte, französisch-deutsch*, hrsg. v. Horst Wernicke. Frankfurt a.M. 2019.

Chateaubriand, FrançoisRené de: *Erinnerungen von jenseits des Grabes*, neu bearb. u. hrsg. v. Brigitte Sändig. Neuried 2013.

Chauvet, David und Thomas Lepeltier (Hrsg.): *Plaidoyer pour une viande sans animal*. Paris 2021.

Claudel, Paul: »Au milieu des vitraux de l'Apocalypse«, in: *Le Poëte et la Bible*, Bd. I: 1910–1946. Paris 1998.

Debray, Régis: *Le Siècle vert. Un changement de civilisation*, »Tracts«. Paris 2020.

Eliot, George: *Middlemarch*, übers. v. Melanie Walz. Frankfurt a.M. 2019.

Francione, Gary L., zitiert in: Valéry Giroud, *L'Antispécisme*, »Que sais-je?«. Paris 2020.

Leconte de Lisle: *Die Deutsche Gedichtebibliothek*, übers. v. Bertram Kottmann, https://gedichte.xbib.de/Leconte+de+Lisle_gedicht_Mittag.htm

Levi, Primo: *Die Untergegangenen und die Geretteten*, übers. v. Moshe Kahn. München 1993.

Merleau-Ponty, Maurice: *Das Sichtbare und das Unsichtbare*, hrsg. v. Claude Lefort. München 2004

Muray, Philippe: *Essais*. Paris 2010.

Paz, Octavio: *Die andere Zeit der Dichtung*, übers. v. Rudolf Wittkopf. Frankfurt a.M. 1989.

VI. Das Vergessen des Tragischen

Barthes, Roland: *Das Neutrum*, hrsg. v. Eric Marty, übers. v. Horst Brühmann. Frankfurt a.M. 2005.

James, Henry: Das *Tagebuch eines Mannes von 50 Jahren*, übers. v. Friedhelm Rathjen. Zürich 2013/15.

Jonas, Hans: *Das Prinzip Verantwortung*. Frankfurt a.M. 1984.

Kundera, Milan: *Verratene Vermächtnisse*, übers. v. Susanna Roth. München 1994.

Lévinas, Emmanuel: *Schwierige Freiheit. Versuch über das Judentum*, übers. v. Eva Moldenhauer. Frankfurt a.M. 2017.

Roth, Philip: *Amerikanisches Idyll*, übers. v. Werner Schmitz. München 2018.

Ders.: *Nemesis*, übers. v. Dirk van Gunsteren. München 2011.

Rousseau, Jean Jacques: in Wolfgang Breidert (Hrsg.): *Die Erschütterung der vollkommenen Welt*. Darmstadt 1994.

Ders.: *Emile oder Über die Erziehung*, übers. v. Anna und Dietrich Leube. Düsseldorf/Zürich [2]1997.

Voltaire: *Das Erdbeben von Lissabon*, übers. v. Adolf Elissen. Bonn 2014.

VII. Momente mit Kundera

Kundera, Milan: *Das Buch vom Lachen und Vergessen*, übers. v. Susanna Roth. München/Wien 1992.

Ders.: *Der Scherz*, übers. v. Susanna Roth. München 1998.

Ders.: *Die unerträgliche Leichtigkeit des Seins*, übers. v. Susanna Roth. München/Wien 1984.

Ders.: *Verratene Vermächtnisse* übers. v. Susanna Roth. München 1994.

Montesquieu: *Vom Geist der Gesetze, Zweyter Theil*. Wien 1799.

Rostand, Edmond: *Cyrano de Bergerac*, übers. v. Ludwig Fulda. Stuttgart 1998.

Epilog: Die letzte Schlacht

Solschenizyn, Alexander: *Nobelpreis-Rede über die Literatur 1970*, übers. v. Helmut Dehio. München 1973.

THILO
SARRAZIN
»WIR
SCHAFFEN
DAS«
Erläuterungen
zum politischen
Wunschdenken

LMV

Warum Politikverdrossenheit sinnlos und gefährlich ist

Wer dieses Buch liest, wird Politik mit anderen Augen betrachten und besser verstehen, wie politische Fehlentscheidungen zustande kommen und wie sie vermieden werden können. Thilo Sarrazins Essay behandelt die vier theoretischen Grundpfeiler politischen Handelns: Das Moralische und das Menschliche in der Politik, das politische Handeln selbst sowie die Wechselwirkungen zwischen Politik und Gesellschaft. Dem Leser wird klar, wie sehr Politik sämtliche Lebensbereiche durchdringt und warum er eine Haltung dazu entwickeln muss.

Thilo Sarrazin
WIR SCHAFFEN DAS
184 Seiten · ISBN 978-3-7844-3613-5

langenmueller.de

Auch als Hörbuch
ISBN 978-3-8032-9264-3

Selbstzeugnis eines großen streitbaren Denkers

Alain Finkielkraut greift Themen auf, die ihn sein Leben lang begleitet haben: die 68er-Bewegung, seine jüdische Herkunft, die Rassismusdebatte oder den Staat Israel. Er setzt sich mit intellektuellen Wegbegleitern wie Martin Heidegger, Milan Kundera oder Michel Foucault auseinander, philosophiert über seine europäische Identität und über deren Bedrohung durch den Multikulturalismus. Das Buch ist ein sehr persönlich formulierter Überblick über sein Leben aber auch eine Bilanz: über sich selbst und sein Werk und die europäische Gesellschaft.

Alain Finkielkraut
ICH SCHWEIGE NICHT
144 Seiten · ISBN 978-3-7844-3606-7

langenmueller.de